Zeitenwende in Hessen
Revolutionärer Aufbruch 1918/1919 in die Demokratie

Schriften des Hessischen Staatsarchivs Marburg
36

Marburg 2019

Zeitenwende in Hessen

Revolutionärer Aufbruch 1918/1919 in die Demokratie

Herausgegeben von
Andreas Hedwig

Begleitband zur gleichnamigen Ausstellung
des Hessischen Landesarchivs

Marburg 2019

Begleitband zur gleichnamigen Ausstellung
des Hessischen Landesarchivs

HESSEN

Herstellung: Historische Kommission für Hessen

Historische
Kommission
für Hessen
1897

Titelabbildung: Horst Dreier / Christian Waldhoff (Hg.),
Das Wagnis der Demokratie. Eine Anatomie der Weimarer
Reichsverfassung, München 2018, S. 99

Bibliografische Informationen der Deutschen Nationalbibliothek:
Die Deutsche Nationalbibliothek verzeichnet diese Publikation
in der deutsche Nationalbibliografie; detaillierte bibliografische
Daten sind im Internet unter http://dnb.dnb.de abrufbar.

Zeitenwende in Hessen
Revolutionärer Aufbruch 1918/1919 in die Demokratie
Herausgegeben von Andreas Hedwig
Autoren: Andreas Hedwig (AH), Karl Murk (KM), Dirk Petter (DP),
Klaus-Dieter Rack (KDR), Johann Zilien (JZ)

ISBN: 978-3-88964-221-9

Printed in Germany
Gestaltung, Satz und Layout: Tom Engel, Ebsdorfergrund-Roßberg
Druck: Beltz, Bad Langensalza

INHALT

Einleitung 7

1. „… das alte Morsche ist zusammengebrochen" 8

Das Ende des Ersten Weltkriegs 13

2. Die Waffen schweigen 14
3. Matrosenaufstand in Kiel 19

Novemberrevolution in Hessen 24

4. Gemäßigte Revolution in Kassel 25
5. Linksradikale Revolution in Hanau 30
6. Revolution in den ländlichen Regionen 35
7. „Sturmvögel der Revolution" in Frankfurt 40
8. Gewaltfreie Revolution in Wiesbaden 46
9. Abwehr des Separatismus 50
10. Revolutionärer Eilantrag in Darmstadt 55
11. Landesvolksrat und neue „Volksparteien" 59
12. Zur Verfassung des Volksstaats Hessen 64

Weichenstellungen 68

13. Alle Macht den Räten? 69
14. „Wenn wir schreiten Seit an Seit" – die Arbeiterparteien 74
15. Die bürgerlichen Parteien 80
16. Wahlen zur Nationalversammlung 87
17. Demokratische Reichsverfassung 93
18. Die Demütigung von Versailles 99
19. Märzkrise 1920 105

Folgen und Wirkungen 111
20. Die schweren Jahre bis 1923 112
21. Die „Goldenen Zwanziger“ und das Ende der Republik 115
22. Demokratischer Neubeginn 1945 120
23. Die Hessische Verfassung 126

Abbildungsnachweise 131
Literatur 134

Die Autoren:
Andreas Hedwig (AH)
Karl Murk (KM)
Dirk Petter (DP)
Klaus-Dieter Rack (KDR)
Johann Zilien (JZ)

Einleitung

Kaiser Wilhelm II., König von Preußen (1859–1941)

Das Bild zeigt Wilhelm II. 1916 in Armeeuniform mit Pickelhaube im Feld, Ausdruck seiner Funktion als Oberster Kriegsherr des Deutschen Reiches.

Hessisches Staatsarchiv Marburg

„… das alte Morsche ist zusammengebrochen"

Am 9. November 1918, vor 100 Jahren, rief Philipp Scheidemann von einem Balkon des Reichstags die erste deutsche Republik aus. Seine Rede markiert den revolutionären Wendepunkt von der mit dem verlorenen Ersten Weltkrieg scheiternden Monarchie zur ersten deutschen Demokratie, der „Weimarer Republik". Im historischen Gedächtnis der Deutschen steht ihre kurze Geschichte von 1919 bis 1932/33 vor allem für politische Unruhen und Krisen, für das schwere Erbe des Versailler Friedensvertrags und das Unvermögen der Politik, die Demokratie zu stabilisieren und den Nationalsozialismus zu verhindern.

In der zweiten deutschen Demokratie nach dem Zweiten Weltkrieg etablierte sich schon bald das geflügelte Wort „Bonn ist nicht Weimar". Die 1949 gegründete Bundesrepublik sah sich nicht als Erbin der Weimarer Republik. Die traumatische Erinnerung an die Selbstaufgabe der Demokratie hat den jungen westdeutschen Staat von Anfang an begleitet, ja geprägt.

Die Mütter und Väter des Grundgesetzes zogen jedoch aus den Fehlern von Weimar ihre Lehren und stärkten die normative Funktion der Grundrechte. Dem Staatsoberhaupt wiesen sie – anders als die Weimarer Verfassung – nur eine repräsentative Rolle zu. Zudem führten sie das konstruktive Misstrauensvotum ein, damit die Amtsgeschäfte immer in der Hand einer handlungsfähigen, dem Parlament verpflichteten Regierung liegen, die von einer starken Kanzlerin bzw. einem starken Kanzler geführt wird.

Im Großen und Ganzen hat sich die Sicht der gescheiterten Weimarer Republik bis heute gehalten. Dabei sorgten die Revolution von 1918/19 und ihre Folgen für einen enormen gesellschaftlichen Entwicklungsschub. Sie schaffte die Monarchie sowie alle Vorrechte des Adels ab, errichtete eine repräsentative parlamentarische Demokratie und führte das aktive und passive Wahlrecht für Frauen ein. Die Weimarer Verfassung garantierte zentrale bürgerliche Grundrechte wie die Freiheit der Person, die

Philipp Scheidemann ruft die Republik aus

Am 9. November 1918 gegen 14 Uhr ruft der Sozialdemokrat Philipp Scheidemann von einem Balkon des Berliner Reichstags die Republik aus.

Wikimedia Commons

Frauen Darmstadts!

Jede Frau hat die Pflicht zu wählen!

Ihr könnt nur wählen, wenn Ihr genügend aufgeklärt seid.

Um Eure Kenntnisse zu erweitern, kommt zu unsern Kursen u. Vorträgen.

I. Vortrag.

Freitag den 20. Dezember, abends 8 Uhr, in der TURNHALLE (Woogsplatz)

Vortrag von Herrn Seminaroberlehrer Bäuerle, Stuttgart

Frauenwahlrecht u. Volksbildung

Eintritt frei!

Nähere Auskunft erteilt die Geschäftsstelle Waldstr. 18II. vormittags von 11—1 Uhr, nachmittags von 4—5 Uhr.

Ausschuss für politische Schulung.
(Verband Darmstädter Frauenvereine.)

Wahlrecht für Frauen

Am 12. November 1918 führte der revolutionäre Rat der Volksbeauftragten in Berlin das gleiche Wahlrecht für Männer und Frauen im Deutschen Reich ein. Veranstaltungen wie diese, vom Verband Darmstädter Frauenvereine initiierte sollten das neue Wahlrecht für Frauen stärken.

Hessisches Staatsarchiv Darmstadt

Meinungs-, Versammlungs- und Vereinigungsfreiheit, die Glaubens- und Gewissensfreiheit und die Gleichheit vor dem Gesetz. Das Wirtschaftsleben sollte durch ein einheitliches Arbeitsrecht und Betriebsräte partizipativ und „gerecht" organisiert werden, um allen ein „menschenwürdiges Dasein" zu ermöglichen.

Die politische Liberalisierung bewirkte in den 1920er Jahren, dass Deutschland sozial und kulturell pluralistischer und moderner wurde und der künstlerischen Vielfalt und Freiheit mehr Raum bot. Sie förderte auch den technisch-wissenschaftlichen Fortschritt.

Die Weimarer Republik setzte Maßstäbe, und diese waren auch nach zwölf Jahren NS-Diktatur nicht in Vergessenheit geraten. Zwar startete die zweite deutsche Republik nach der Kata-

strophe des verlorenen Zweiten Weltkriegs und des Völkermordes an den Juden unter noch ungünstigeren Voraussetzungen als die erste, doch erweist sie sich bis heute als erfolgreich und stabil. Daher scheint es angebracht, 100 Jahre nach der Novemberrevolution von 1918/19, und auch wegen der aufziehenden demokratiegefährdenden populistischen Tendenzen in der deutschen und europäischen Politik, die Gründung der Weimarer Republik genauer in Augenschein zu nehmen.
Die Ausstellung beschäftigt sich mit folgenden Fragen: Wer waren die damaligen Revolutionäre? Welche Pläne und Ziele verfolgten sie? Wie sind sie vorgegangen? Was haben sie durchsetzen können, woran sind sie gescheitert? Und schließlich: Welche Bedeutung hatte die Weimarer Republik für den demokratischen Neubeginn nach 1945? Ohne die großen Entwicklungen des Deutschen Reiches aus dem Blick zu verlieren, sollen diese Fragen aus landeszeithistorischer Perspektive beantwortet, d. h. die Geschehnisse in ihren regionalen Erscheinungen und Auswirkungen gewürdigt werden. Hier kann die Konzentration auf Hessen hilfreich sein, denn für den staatlichen Aufbau der Bundesrepublik nahm Hessen eine exponierte, ja prägende Rolle ein. *AH*

1

Bonn ist nicht Weimar

Das geflügelte Wort verbreitete sich nach dem von Fritz Allemann unter gleichem Titel 1956 veröffentlichten Buch.

Karikatur Paul Flora
Die Zeit 19.4.1968

Das Ende des Ersten Weltkriegs

Die Waffen schweigen

Als im November 1918 die Waffen schwiegen, hatten die am Ersten Weltkrieg beteiligten Mächte mehr als 15 Millionen Tote zu beklagen. Insbesondere nach Erstarrung der Front im Westen im Herbst 1914 hatten sich die Soldaten der Entente einerseits und der Mittelmächte andererseits in jahrelangen zermürbenden

Kämpfe um den Hartmannswillerkopf, um 1918/1919

Der Hartmannswillerkopf in den Südvogesen war nur einer der vielen schrecklichen Kriegsschauplätze des Ersten Weltkriegs. 30.000 französische und deutsche Soldaten ließen dort ihr Leben. Einen Sieger brachten die Kämpfe nicht hervor.

Hessisches Staatsarchiv Marburg

„Die Zeit ist hart, aber der Sieg ist sicher"

Das 1917 für Kriegsanleihen werbende Plakat bediente sich der Popularität Generalfeldmarschalls Paul von Hindenburg, um den ein beispielloser Personenkult entstanden war.

Hessisches Staatsarchiv Marburg

Stellungskriegen gegenübergestanden, so etwa in den Schlachten um Verdun, an der Somme und in Flandern. Die zigtausendfache Vernichtung menschlichen Lebens und die totale Zerstörung ganzer Landstriche waren der Preis für Geländegewinne von oftmals nur wenigen Metern.

Im Deutschen Reich wurde die Versorgungslage zwar zunehmend schwieriger, von den Schreckensszenarien des Frontalltags war jedoch nur wenig zu spüren. Ganz im Gegenteil: Die kaiserliche Propagandamaschinerie zeichnete trotz aussichtsloser militärischer Lage bis zuletzt das glorreiche Bild eines „Siegfriedens". Der finale Schlag gegen den Feind – so wurde noch kurz vor Kriegsende in den offiziellen Bekanntmachungen suggeriert – sei nicht mehr fern.

Spätestens nach der gescheiterten deutschen Frühjahrsoffensive 1918 und den anschließenden Erfolgen der Alliierten im Westen brach sich allerdings bei den führenden Militärs die Erkenntnis Bahn, dass der Weltkrieg für das Deutsche Reich verloren war. Ende September 1918 legte die von Paul von Hindenburg

„Der letzte Hieb ist die 8. Kriegsanleihe"

Das Werbeplakat für die Zeichnung der 8. Kriegsanleihe 1918 reiht sich nahtlos in die offizielle Rhetorik der letzten Kriegsjahre ein. Selbst die Oberste Heeresleitung vermittelte bis weit in das Jahr 1918 hinein die Botschaft, der Tag des Sieges stünde unmittelbar bevor.

Hessisches Staatsarchiv Marburg

> Seite 17

Gedenken an die Helden

Das „Gedenkblatt für die Angehörigen unserer gefallenen Helden" wurde den Angehörigen eines getöteten Soldaten 1916 zugesandt oder überbracht. Es stilisiert das Massensterben an der Front zu einem heroischen Akt.

Hessisches Staatsarchiv Marburg

Wir sollen auch unser Leben für die Brüder lassen
1. Joh. 3. 16.
Zum Gedächtnis des Musk. Heinrich Ruhwedel
von der 3. Komp. 6. Westpreuss. Inf. Regts. Nr. 149
Er starb fürs Vaterland
am 26. September 1916
E. Doepler d. J.

2

und Erich Ludendorff geführte Oberste Heeresleitung (OHL) Kaiser Wilhelm II. und der Reichsregierung die militärische Lage dar. Die Konsequenzen, die hieraus gezogen wurden, waren weitreichend: Um Unruhen im Innern zu vermeiden, setzten die Spitzen des Kaiserreichs auf eine rasche „Revolution von oben". Erstmals erhielt das Deutsche Reich eine durch den Reichstag getragene Regierung. Die Mehrheitsparteien – darunter die katholische Zentrumspartei, die linksliberale Fortschrittliche Volkspartei und die Sozialdemokraten –, die seit vielen Jahren eine Demokratisierung der obrigkeitsstaatlichen Strukturen gefordert hatten, konnten sich mit der Situation auch deswegen arrangieren, weil der designierte Reichskanzler Prinz Max von Baden als reformorientiert und sozial eingestellt galt.

Anfang Oktober 1918 war die neue Reichsregierung bereits im Amt und fand sich durch die mit einiger Berechnung agierende OHL nun in die unvorteilhafte Lage gedrängt, Waffenstillstandsverhandlungen aufnehmen und anstatt der militärischen Führung die Verantwortung für den Kriegsausgang übernehmen zu müssen. Aus einem Notenwechsel mit dem US-amerikanischen Präsidenten Woodrow Wilson resultierte, dass die Alliierten als Vorbedingung für die Aufnahme von Verhandlungen nicht nur die Schaffung demokratischer Strukturen im Deutschen Reich, sondern indirekt auch das Abtreten des Kaisers einforderten. Ersteres wurde durch eine umfängliche Verfassungsänderung realisiert, die das Kaiserreich Ende Oktober zu einer parlamentarisch-demokratischen Monarchie machte. Letzteres folgte angesichts der sich überstürzenden Ereignisse im Innern nur wenige Tage später: Am 9. November 1918 verkündete Reichskanzler Max von Baden die Abdankung Wilhelms II.

Die Unterzeichnung des Waffenstillstands durch Vertreter der Reichsregierung – nicht des Militärs – am 11. November 1918 bei Compiègne und die sich damit manifestierende Kriegsniederlage Deutschlands stellten aus Sicht weiter Teile der Bevölkerung eine nur schwer nachvollziehbare Wahrheit und letztlich eine kaum zu schulternde Hypothek für die entstehende Weimarer Demokratie dar. *DP*

Matrosenaufstand in Kiel

Ende Oktober 1918 befahl die Seekriegsleitung der deutschen Hochseeflotte einen letzten Angriff auf die Schiffe der britischen Marine im Ärmelkanal – ein angesichts der militärischen Lage sinnloses und für die Schiffsbesatzungen den sicheren Tod bringendes Unterfangen, das ohne Wissen der Reichsregierung geplant worden war. Der Flottenbefehl wurde durch große Teile der Mannschaften verweigert, die zudem durch Sabotageakte mehrere Schlachtschiffe am Auslaufen hinderten und den Angriffsplan hierdurch zu Fall brachten. Als die Seekriegsleitung mehr als 1.000 der meuternden Matrosen verhaften und in Wilhelmshavener und Kieler Militärgefängnisse verbringen ließ, führte dies binnen Kurzem zu einer „Revolution von unten".
In Kiel entwaffneten die Matrosen ihre Offiziere, zwangen den Militärgouverneur, die verhafteten Meuterer freizulassen, brachten neuralgische Punkte in der Stadt unter ihre Kontrolle und

Gustav Noske (1868–1946)
Der SPD-Reichstagsabgeordnete Noske übernahm im November 1918 den Vorsitz des Arbeiter- und Soldatenrates in Kiel. 1919 wurde er Reichswehrminister und trug damit die Verantwortung für die blutige Niederschlagung der linken Aufstände gegen die Republik.
Foto um 1918
Library of Congress

Ansprache Noskes an die Kieler Matrosen

3

Am Abend des 4. November 1918 war Kiel in der Hand der Aufständischen. Um die Lage zu beruhigen, entsandte die Reichsregierung den Sozialdemokraten Gustav Noske, dem es gelang, sich an die Spitze des Kieler Arbeiter- und Soldatenrats zu setzen und radikale Auswüchse zu vermeiden.

Stadtarchiv Kiel

wählten nach russischem Vorbild am 4. November Soldatenräte. Nach Solidarisierung der Kieler Werft- und Industriearbeiter und unter Beteiligung der beiden sozialdemokratischen Parteien SPD und USPD wurde dort noch in der Nacht auf den 5. November ein „Provisorischer Zentraler Arbeiter- und Soldatenrat" als neues Machtorgan gebildet. Dessen Vorsitz übernahm der aus Berlin angereiste SPD-Abgeordnete und spätere Reichswehrminister Gustav Noske.

Von Kiel ausgehend wurde zunächst Norddeutschland, anschließend das gesamte Reich von einer revolutionären Welle erfasst, an deren Ende von SPD und USPD getragene Räte die Macht übernahmen. Das alte monarchische System zerbrach. Nachdem Reichskanzler Prinz Max von Baden am 9. November den

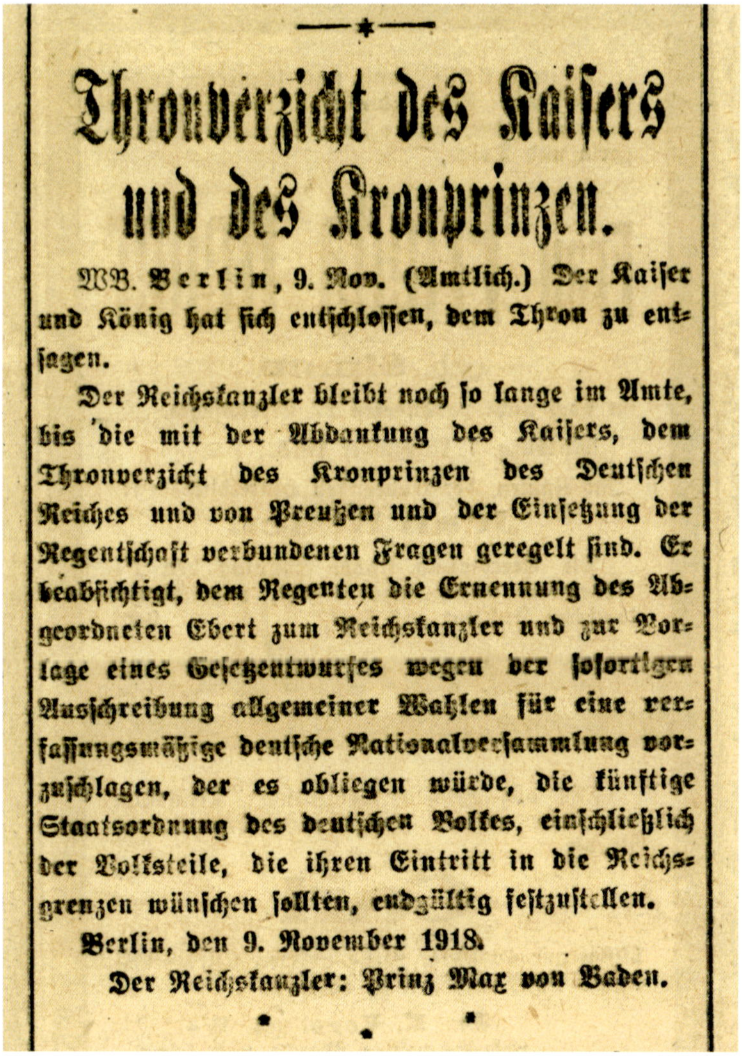

Thronverzicht des Kaisers und des Kronprinzen.

WB. Berlin, 9. Nov. (Amtlich.) Der Kaiser und König hat sich entschlossen, dem Thron zu entsagen.

Der Reichskanzler bleibt noch so lange im Amte, bis die mit der Abdankung des Kaisers, dem Thronverzicht des Kronprinzen des Deutschen Reiches und von Preußen und der Einsetzung der Regentschaft verbundenen Fragen geregelt sind. Er beabsichtigt, dem Regenten die Ernennung des Abgeordneten Ebert zum Reichskanzler und zur Vorlage eines Gesetzentwurfes wegen der sofortigen Ausschreibung allgemeiner Wahlen für eine verfassungsmäßige deutsche Nationalversammlung vorzuschlagen, der es obliegen würde, die künftige Staatsordnung des deutschen Volkes, einschließlich der Volksteile, die ihren Eintritt in die Reichsgrenzen wünschen sollten, endgültig festzustellen.

Berlin, den 9. November 1918.

Der Reichskanzler: Prinz Max von Baden.

Thronverzicht des Kaisers

Die Bekanntmachung des Reichskanzlers vom 9. November 1918, dass Kaiser Wilhelm II. abdankte, beendete die monarchische Staatsform in Deutschland. Wilhelm ging in die Niederlande ins Exil.

Hessisches Staatsarchiv Marburg

Verzicht von Kaiser und Kronprinz auf den deutschen Kaiserthron und den preußischen Königsthron verkündet hatte, übertrug er das Reichskanzleramt dem SPD-Vorsitzenden Friedrich Ebert – ein Vorgang, den die Verfassung gar nicht vorsah. Noch am selben Tag rief der Sozialdemokrat Philipp Scheidemann vom Reichstagsgebäude die „deutsche Republik" aus.

Im Laufe der ersten Novemberhälfte wurde auch das Gebiet des heutigen Bundeslandes Hessen von den revolutionären Umwälzungen erfasst. Initiiert von durchziehenden Matrosen oder durch lokale Kräfte angestoßen, bildeten sich allenthalben Ar-

Sieg der Revolution

Der Spartakusbund vereinte die marxistischen Sozialisten in der USPD unter Führung Rosa Luxemburgs und Karl Liebknechts. Er strebte eine Räterepublik auf Basis der „Herrschaft des Proletariats" an.

Hessisches Staatsarchiv Marburg

3

beiter- und Soldatenräte, die – zumeist ohne Anwendung von Gewalt – die Kontrolle vor Ort übernahmen. Im nördlichen Teil der damaligen preußischen Provinz Hessen-Nassau mit der Hauptstadt Kassel beispielsweise orientierten sich die Räte im Wesentlichen an der politisch gemäßigten Linie des von den Mehrheitssozialdemokraten dominierten Rates der Volksbeauftragten bzw. der Reichsregierung, weniger an den radikaleren und von spartakistischen Ideen beeinflussten Positionen der Unabhängigen Sozialdemokraten. In Kassel selbst entstand ein „Zentraler Arbeiter- und Soldatenrat", der sich als oberstes Vollzugsorgan der Räte für den gesamten nördlichen Regierungsbezirk etablieren konnte.

In den einzelnen Städten und Landkreisen und auch auf Ebene der Bezirksregierungen bestanden die alten Verwaltungsstrukturen neben den neu geschaffenen revolutionären Gremien allerdings weitgehend bruchlos fort. So bildete sich in den ersten Wochen nach dem Umsturz auf lokaler wie regionaler Ebene vielfach ein zwar konfliktreiches, aber letztlich auch von wechselseitigen Abhängigkeiten geprägtes Nebeneinander von Rätebewegung und alten Strukturen heraus, das ein Charakteristikum der Umbruchphase 1918/1919 darstellt. *DP*

Novemberrevolution in Hessen

Gemäßigte Revolution in Kassel

Wenige Tage nach dem Kieler Matrosenaufstand erfasste die revolutionäre Woge Kassel. Am Morgen des 9. November 1918 trafen aus Köln kommende Matrosen am Bahnhof ein und entwaffneten den dort stationierten Wachdienst. Nachdem sich die Nachricht von den Ereignissen in anderen Regionen des Reiches unter den Soldaten wie ein Lauffeuer verbreitet hatte, stellte sich die gesamte Kasseler Garnison hinter die Revolutionäre. Unter Beteiligung von Gewerkschaftern, SPD- und USPD-Mitgliedern wurde nun rasch ein provisorischer Arbeiter- und Soldatenrat gebildet, dem sich Oberbürgermeister, Polizeipräsident und militärische Führung unterstellten. Bereits wenig später machte das „Casseler Volksblatt" die Gründung des Rates bekannt, dessen Mitglieder noch am Nachmittag durch eine Volksversammlung auf dem Friedrichsplatz bestätigt wurden. Im Einzelnen setzte sich der Arbeiter- und Soldatenrat aus

4

Albert Grzesinski (1879–1947)

Grzesinski wurde im November 1918 Vorsitzender des Zentralen Arbeiter- und Soldatenrates in Kassel und damit zu einer Leitfigur der Rätebewegung in Nordhessen. Folgend blieb er Kommunal- und Landespolitiker und war 1926–1930 Preußischer Innenminister.

Hessisches Staatsarchiv Marburg

„Hindenburg in Wilhelmshöhe"

Das Große Hauptquartier der Obersten Heeresleitung wurde nach dem Waffenstillstand am 11. November nach Kassel verlegt.
In einer öffentlichen Bekanntmachung sicherte der Kasseler Arbeiter- und Soldatenrat und der Magistrat der Stadt Generalfeldmarschall von Hindenburg seinen Schutz zu.

Hessisches Staatsarchiv Marburg

Hindenburg in Wilhelmshöhe.

Cassel, 14. Nov. In den heutigen Blättern erscheint nachstehender Aufruf:

Mitbürger und Soldaten! Heute trifft der Generalfeldmarschall v. Hindenburg mit Offizieren und Mannschaften des Großen Hauptquartiers in Cassel ein, um von Wilhelmshöhe aus die Demobilisation unserer Truppen zu leiten. Hindenburg gehört dem deutschen Volke und dem deutschen Heere. Er hat sein Heer zu glänzenden Siegen geführt und sein Volk in schwerer Stunde nicht verlassen. Nie hat Hindenburg in der Größe seiner Pflichterfüllung uns näher gestanden als heute. Seine Person steht unter unserm Schutze. Wir wissen, daß die bürgerliche und soldatische Bevölkerung Cassels ihm nur Gefühle der Verehrung und Hochachtung entgegenbringen wird und er vor jeder Belästigung sicher ist. Der Generalfeldmarschall trägt Waffe, ebenso die Offiziere und Soldaten des Großen Hauptquartiers, wenn sie ihn begleiten.

Für den Arbeiter u. Soldatenrat: Grzesinski.

Für den Magistrat: Koch.

4

Paul von Hindenburg vorne in der Mitte

Foto Bundesarchiv

Arbeiter und Soldaten!

Ungeheuere Umwälzungen vollziehen sich! Bis zum Montag wird an den Fronten vollkommene Waffenruhe eingetreten sein. Die Friedensverhandlungen schließen sich unmittelbar an, sodaß

kein Soldat mehr an die Front

abzugehen haben wird.

Inzwischen nimmt die Demokratisierung Deutschlands ihren unaufhaltsamen geschichtlichen Gang.

Die Abdankung des Kaisers ist stündlich zu erwarten!

Die Casseler Arbeiter und Soldaten werden sofort zu der gesamten neugeschaffenen Situation Stellung nehmen.

Der heutige Sonnabend ist der

Casseler Demonstrationstag!

Um 2 Uhr mittags versammeln sich die Arbeiter und Soldaten auf dem Friedrichsplatz, um ihre Forderungen zu stellen.

Arbeiter und Soldaten! Wir fordern euch auf, in Massen zu erscheinen, inzwischen aber **eiserne Ruhe** zu bewahren und unseren Anordnungen unbedingt Folge zu leisten.

Der Vorstand der Sozialdemokratischen Partei.
Der Vorstand der Unabh. Sozialdem. Partei.
Der Vorstand der Casseler Gewerkschaften.

Arbeiter und Soldaten!
Der Aufruf der SPD, USPD und Gewerkschaften vom 9. November 1918 führte zu einer Volksversammlung auf dem Kasseler Friedrichsplatz, die den neu gegründeten Arbeiter- und Soldatenrat als legitime Vertretung des Volkes bestätigte.
Hessisches Staatsarchiv Marburg

drei Vertretern der SPD – Georg Thöne, Albert Grzesinski, der den Vorsitz übernahm, und Richard Hauschildt –, zwei Vertretern der USPD – Wilhelm Winter und Karl Eybel – sowie zwei Soldaten zusammen. Eine während der Volksversammlung gefasste Zwei-Punkte-Resolution hielt die ersten Ziele der Revolutionäre fest: Zum einen sollten alle Truppenteile Vertrauensleute der Soldaten wählen, zum anderen forderten sie, Deutschland so rasch als möglich in eine Republik umzuwandeln und umfänglich zu demokratisieren.

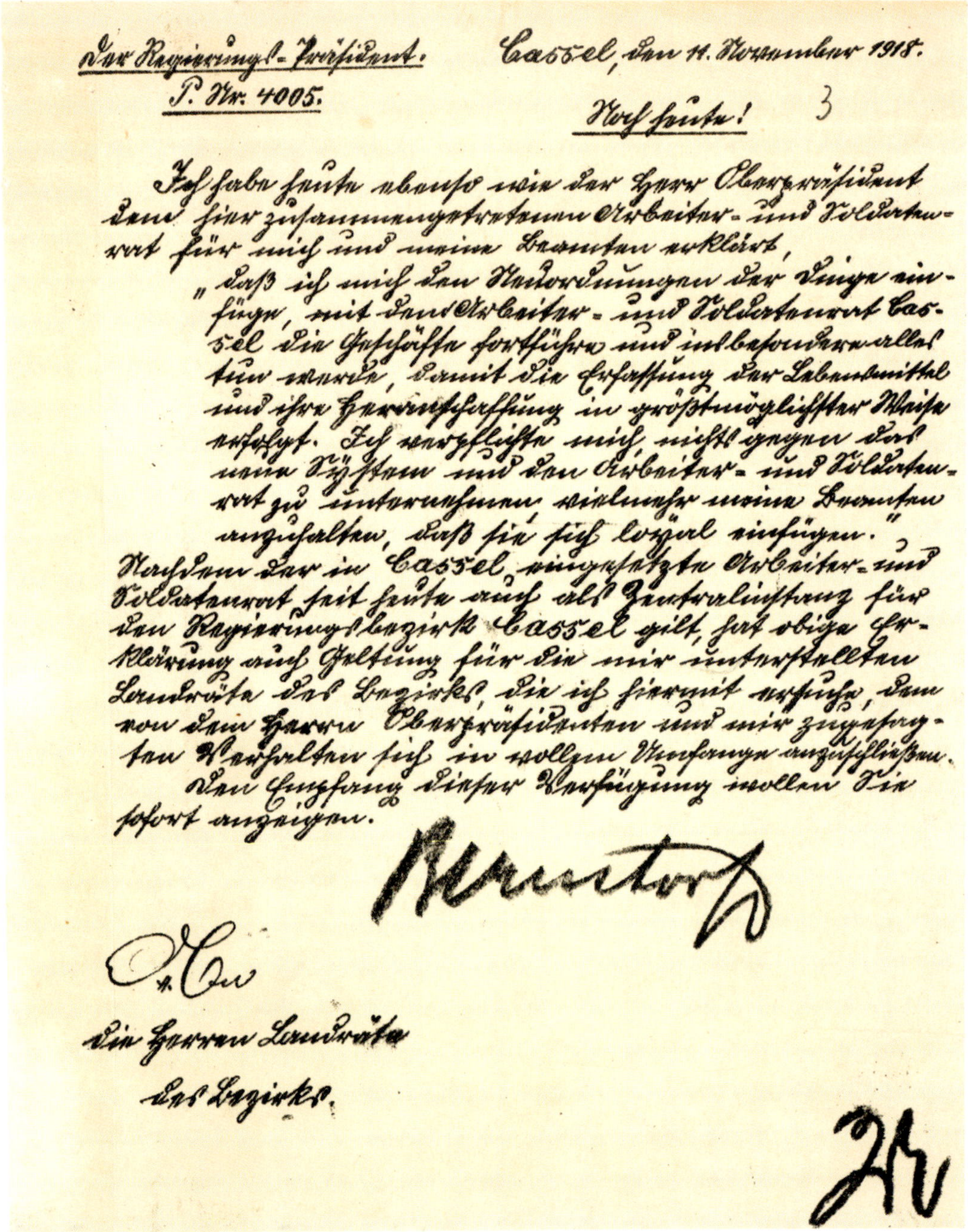

Der Regierungs-Präsident. Cassel, den 11. November 1918.

P. Nr. 4005.

Noch heute! 3

Ich habe heute ebenso wie der Herr Oberpräsident dem hier zusammengetretenen Arbeiter- und Soldatenrat für mich und meine Beamten erklärt,

„daß ich mich den Neuordnungen der Dinge einfüge, mit dem Arbeiter- und Soldatenrat Cassel die Geschäfte fortführe und insbesondere alles tun werde, damit die Erfassung der Lebensmittel und ihre Heranschaffung in größtmöglichster Weise erfolgt. Ich verpflichte mich nichts gegen das neue System und den Arbeiter- und Soldatenrat zu unternehmen, vielmehr meine Beamten anzuhalten, daß sie sich loyal einfügen."

Nachdem der in Cassel eingesetzte Arbeiter- und Soldatenrat seit heute auch als Zentralleitung für den Regierungsbezirk Cassel gilt, hat obige Erklärung auch Geltung für die mir unterstellten Landräte des Bezirks, die ich hiermit ersuche, dem von dem Herrn Oberpräsidenten und mir zugesagten Verhalten sich in vollem Umfange anzuschließen.

Den Empfang dieser Verfügung wollen Sie sofort anzeigen.

Bernstorff

An die Herren Landräte des Bezirks.

Anerkennung des Arbeiter- und Soldatenrates

In dem Rundschreiben vom 11. November 1918 erkannte der Kasseler Regierungspräsident von Bernstorff den Kasseler Arbeiter- und Soldatenrat als zentrales Kontrollorgan an und wies die Landräte an, Gleiches zu tun.

Hessisches Staatsarchiv Marburg

Am Abend des 9. November hatte somit die Revolution in Kassel, die schnell und ohne Blutvergießen verlief, die Oberhand gewonnen. Ab dem 10. November stabilisierten sich die Verhältnisse – auch deswegen, weil es in der Stadt zu keiner nennenswerten Amtsenthebung kam. Dies war vor allem der Tatsache geschuldet, dass sozialdemokratische Kandidaten fehlten und eine funktionierende Verwaltung dringend benötigt wurde. Nachdem der Arbeiter- und Soldatenrat als oberstes städtisches Verwaltungs- und Kontrollorgan etabliert war, erklärte er sich am 11. November auch zum „Zentralen Arbeiter- und Soldatenrat" für das Gebiet des Regierungsbezirks Kassel. Regierungspräsident Percy Graf von Bernstorff erkannte die zentrale Funktion des Kasseler Rates am selben Tag an. Beide Seiten, die preußische Verwaltung und der politisch gemäßigte Rat, waren bestrebt, eine weitergehende Radikalisierung der Situation zu vermeiden, Ruhe und Ordnung zu bewahren und zwecks Bewältigung der aus dem Krieg resultierenden gewaltigen Aufgaben zusammenzuarbeiten.

Dass der Zentrale Arbeiter- und Soldatenrat dem auf eine Kooperation mit den alten Eliten des Kaiserreiches setzenden Kurs des Rates der Volksbeauftragten folgte, zeigte sich in geradezu symbolträchtiger Weise am 14. November, als die OHL unter Führung Hindenburgs nach Kassel verlegt wurde. Nicht nur sicherte Albert Grzesinski der OHL den Schutz des Zentralen Arbeiter- und Soldatenrates in der Stadt zu, sondern veranlasste einen angesichts der revolutionären Ziele paradox erscheinenden Zeitungsaufruf, der Hindenburg, Repräsentant par excellence des wilhelminischen Obrigkeitsstaates, die „Verehrung und Hochachtung" der Stadtbevölkerung sichern sollte. Letztlich war die gemäßigte Haltung des Kasseler Rates ein Grund dafür, dass er als Kontrollorgan und selbstständig agierende Behörde in den folgenden Monaten ein relativ hohes Maß an Einfluss und Gestaltungskraft entfalten konnte. *DP*

Linksradikale Revolution in Hanau

Der politische Umbruch in Hanau begann am 7. November 1918. Er wurde, anders als in Kassel, nicht von außen angestoßen, sondern hatte seinen Ursprung in den konfliktreichen inneren Verhältnissen der Stadt. Während einer Sitzung der Stadtverordneten, die angesichts der sich im norddeutschen Raum bereits Bahn brechenden Ereignisse hitzig verlief, wurde

USPD-Publikationsorgan „Volksrecht"

Der Hanauer Arbeiter- und Soldatenrat bestand weit überwiegend aus Mitgliedern der USPD, die die parlamentarische Demokratie ablehnten und ein Rätesystem anstrebten. Sie stellten eine „Schutzwehr" auf und unterhielten mit dem „Volksrecht" eine eigene Zeitung. Ausgabe Volksrecht vom 9. November 1919.

Hessisches Staatsarchiv Marburg

5

Proletarier aller Länder, vereinigt Euch!

Den Hanauer Arbeiter- und Soldatenrat führten linke USPD-Mitglieder an. Sie bemühten sich um die Einbeziehung von Bauern in den Rat, verhinderten aber, dass Vertreter der bürgerlichen Parteien dort Einfluss gewinnen konnten.

Hessisches Staatsarchiv Marburg

dem USPD-Abgeordneten und Mitglied der Spartakusgruppe Friedrich Schnellbacher das Wort entzogen. Schnellbacher hatte einen Antrag seiner Partei zum Termin der anstehenden Wahlen begründet und vor dem voll besetzten Zuschauerraum im Rathaus das preußische Dreiklassenwahlrecht offen und scharf kritisiert. Der Wortentzug führte zur Eskalation: Zuschauer stiegen über die Bänke im Saal und sprengten die Sitzung.

Zeitgleich fand vor dem Rathaus eine von der USPD initiierte Protestversammlung statt, an der mehrere Tausend Menschen teilnahmen. Die Abgeordneten um Schnellbacher wurden von der vor dem Gebäude versammelten Menge mit begeisterten Rufen empfangen. Unter roten Fahnen formierte sich ein Demonstra-

5

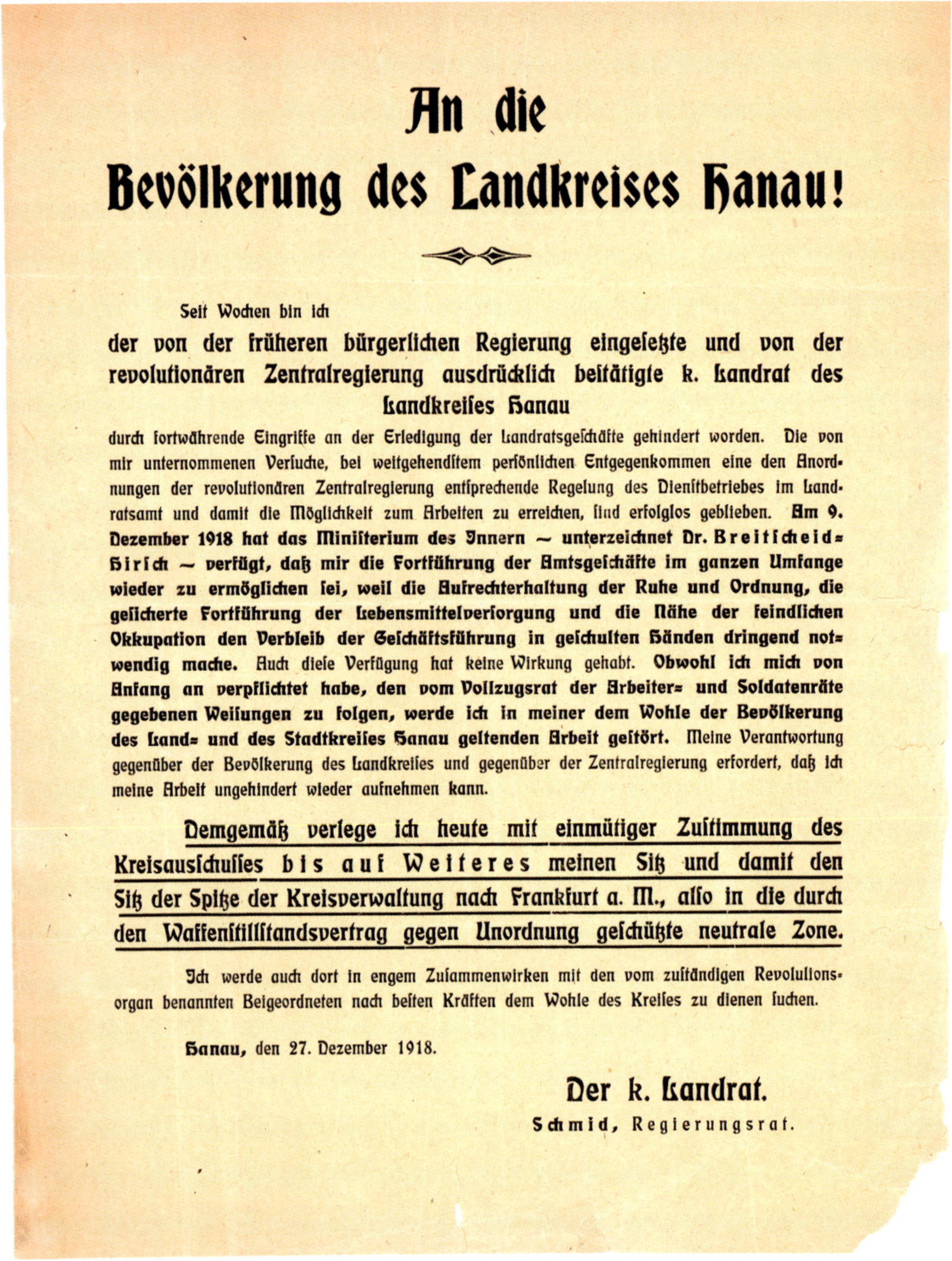

An die Bevölkerung des Landkreises Hanau!

Seit Wochen bin ich

der von der früheren bürgerlichen Regierung eingesetzte und von der revolutionären Zentralregierung ausdrücklich bestätigte k. Landrat des Landkreises Hanau

durch fortwährende Eingriffe an der Erledigung der Landratsgeschäfte gehindert worden. Die von mir unternommenen Versuche, bei weitgehendstem persönlichen Entgegenkommen eine den Anordnungen der revolutionären Zentralregierung entsprechende Regelung des Dienstbetriebes im Landratsamt und damit die Möglichkeit zum Arbeiten zu erreichen, sind erfolglos geblieben. **Am 9. Dezember 1918 hat das Ministerium des Innern – unterzeichnet Dr. Breitscheid-Hirsch – verfügt, daß mir die Fortführung der Amtsgeschäfte im ganzen Umfange wieder zu ermöglichen sei, weil die Aufrechterhaltung der Ruhe und Ordnung, die gesicherte Fortführung der Lebensmittelversorgung und die Nähe der feindlichen Okkupation den Verbleib der Geschäftsführung in geschulten Händen dringend notwendig mache.** Auch diese Verfügung hat keine Wirkung gehabt. **Obwohl ich mich von Anfang an verpflichtet habe, den vom Vollzugsrat der Arbeiter- und Soldatenräte gegebenen Weisungen zu folgen, werde ich in meiner dem Wohle der Bevölkerung des Land- und des Stadtkreises Hanau geltenden Arbeit gestört.** Meine Verantwortung gegenüber der Bevölkerung des Landkreises und gegenüber der Zentralregierung erfordert, daß ich meine Arbeit ungehindert wieder aufnehmen kann.

Demgemäß verlege ich heute mit einmütiger Zustimmung des Kreisausschusses bis auf Weiteres meinen Sitz und damit den Sitz der Spitze der Kreisverwaltung nach Frankfurt a. M., also in die durch den Waffenstillstandsvertrag gegen Unordnung geschützte neutrale Zone.

Ich werde auch dort in engem Zusammenwirken mit den vom zuständigen Revolutionsorgan benannten Beigeordneten nach besten Kräften dem Wohle des Kreises zu dienen suchen.

Hanau, den 27. Dezember 1918.

Der k. Landrat.
Schmid, Regierungsrat.

Konflikt mit dem Landrat

Der Hanauer Landrat Schmid akzeptierte die Führungsrolle des linken Hanauer Arbeiter- und Soldatenrats nicht. Er verlegte daraufhin seinen Amtssitz nach Frankfurt a.M. und unterrichtete die Bevölkerung darüber am 27. Dezember 1918 per öffentlichem Anschlag.

Hessisches Staatsarchiv Marburg

tionszug, der bis spät in die Nacht hinein durch die Stadt zog und im Rahmen dessen auch ein Lebensmittelgeschäft geplündert wurde. Die durch den amtierenden Landrat und Polizeidirektor Carl Christian Schmid, späteres Mitglied der DVP, herbeibefohlenen Polizisten waren trotz Anwendung von Waffengewalt nicht in der Lage, die Situation unter Kontrolle zu bringen. 25 Demonstranten wurden bei dem Einsatz verletzt.
Am 8. November wurde unter dem Vorsitz Friedrich Schnellbachers in Hanau ein Arbeiter- und Soldatenrat gebildet, der, im Gegensatz zur Mehrheit der Räte im Regierungsbezirk Kassel, stark von der USPD geprägt war und eine radikalere Zielrichtung hatte. 20 Mitglieder des Gremiums gehörten den Unabhängigen Sozialdemokraten an, fünf der SPD.
In den folgenden Tagen, zwischen dem 9. und 11. November, übernahm der Arbeiter- und Soldatenrat die Vollzugsgewalt in Hanau und setzte den Gewerkschafter und USPD-Stadtverordneten Georg Wagner als kommissarischen Landrat ein, dem der bisherige Amtsinhaber Schmid als „Mitarbeiter" unterstellt wurde. Mitte November brachten die Hanauer Räte die gemäßigt konservativ ausgerichtete Tageszeitung „Hanauer Anzeiger" unter ihre Kontrolle, welche fortan als „Publikationsorgan des Arbeiter- und Soldatenrates für den Stadt- und Landkreis Hanau am Main" firmierte. Anfang Dezember wurde eine „Schutzwehr" eingerichtet, die bis zu 1.000 Mann Stärke erreichte. Somit waren Informationshoheit und Polizeigewalt in der Hand des Arbeiter- und Soldatenrates.

Zwischen dem bisherigen Landrat Schmid und den revolutionären Kräften entspann sich seit der Machtübernahme durch den Hanauer Rat ein schwerwiegender Konflikt um Kompetenzen und Zuständigkeiten, der dazu führte, dass Schmid, der seine Aufsichtsbehörden, das Regierungspräsidium und das SPD-dominierte preußische Ministerium des Innern, immer wieder um Unterstützung gegen den „spartakistischen" Arbeiter- und Soldatenrat ersuchte, seinen Amtssitz Ende Dezember nach Frankfurt am Main verlegte. Die Auseinandersetzungen gipfelten im Februar 1919 – nachdem es im Anschluss an eine USPD-Ver-

5

Ende der Hanauer Revolution

Nachdem es erneut zu Unruhen und Plünderungen gekommen war, besetzten im Februar 1919 Regierungstruppen Hanau – hier den Neustädter Markt. Sie verhafteten die Führer des Arbeiter- und Soldatenrats. Die Besetzung Hanaus dauerte nur wenige Tage an, zu Kämpfen kam es nicht.

Hanauer Geschichtsverein

anstaltung in der Stadt zu Plünderungen gekommen war – in der Ausrufung des Belagerungszustandes durch das stellvertretende Generalkommando, der Besetzung Hanaus durch Reichswehr-Einheiten und der Verhaftung der führenden Köpfe des Arbeiter- und Soldatenrates, denen wegen der „Anführung revolutionärer Unruhen" der Prozess gemacht wurde. *DP*

Revolution in den ländlichen Regionen

Am 12. November 1918 rief der Berliner Rat der Volksbeauftragten zur Bildung von Bauernräten in den ländlichen Regionen des Deutschen Reiches auf, die analog zu den Arbeiter- und Soldatenräten als Vertretungsorgane der ländlichen Bevölkerung die Ernährung sicherstellen, den Schleichhandel bekämpfen und mithelfen sollten, „Ruhe und Ordnung" auf dem Land zu bewahren. Angeregt worden war der Aufruf bemerkenswerterweise durch den Kriegsausschuss der deutschen Landwirtschaft, einem landwirtschaftlichen Dachverband, der stark konservativ ausgerichtet war und kaum Interesse an umstürzlerischen Entwicklungen hatte.

Nachdem die durch den Rat der Volksbeauftragten verordnete Bildung der Bauernräte in den Landkreisen des Reiches – hier stellten die Kreise des Regierungsbezirks Kassel keine Ausnahme dar – zunächst nur schleppend voran ging, wurde die Reichsregierung erneut initiativ tätig. Am 25. November erging eine Bekanntmachung über die obligatorische Bildung von „Bauern- und Landarbeiterräten" nebst Richtlinien des Reichsernährungsamtes, die unter Federführung von Staatssekretär Emanuel Wurm

Emanuel Wurm (1857–1920)
Wurm trat 1917 der USPD bei, war langjähriger Reichstagsabgeordneter und Mitglied der Weimarer Nationalversammlung. In der Revolutionszeit führte er als Staatssekretär das Reichsernährungsamt.
Reichstags-Handbuch

Bekanntmachung.

Für das Fürstentum Waldeck und Pyrmont ist heute ein Arbeiter- und Soldatenrat gebildet worden, der die Aufsicht über die Staatsverwaltung des Fürstentums ausübt.

Die militärische Gewalt wird vom Soldatenrat gemeinschaftlich mit dem Garnisonkommando Arolsen ausgeübt.

Der Arbeiter- und Soldatenrat verpflichtet sich, für Ruhe, Ordnung und Sicherheit im Einvernehmen mit den bestehenden Polizeiorganen zu sorgen. Die Mitglieder tragen am linken Oberarm eine mit der Aufschrift **„Arbeiter- und Soldatenrat"** versehene weiße Binde. Den mit solchen Armbinden versehenen Personen muß jede Militär- und Zivilperson unbedingt Folge leisten.

Vorgesetzte im Dienste sind als solche zu achten.

Der öffentliche Verkehr einschließlich Post und Telegraphen wird aufrecht erhalten, alle Behörden und Beamten versehen unter Aufsicht des Arbeiter- und Soldatenrats weiter ihren Dienst.

Die Verordnungen über Lebensmittel bleiben bestehen.

Die Landwirte werden ersucht, die Ablieferung der Lebensmittel zur Versorgung der Großstädte an die öffentlichen Annahmestellen regelmäßig zu erfüllen. Uebertretungen der Lebensmittelversorgungen und Kriegswucher werden strengstens geahndet.

Alle Militärpersonen sowie die gesamte Bevölkerung des Fürstentums wird aufgefordert, **Ruhe und Ordnung** zu halten.

Der vorläufige Arbeiter- und Soldatenrat.

Im Auftrage:
C. Kuhaupt, C. Thiele, B. Franke, Fr. Mattern, H. Emde, K. Berhard.

Für die Staatsregierung:

Redern, Landesdirektor.

Für das Garnisonkommando:

Rhode, Oberst.

Arolsen, den 11. November 1918.

Druck von Ernst Funk, Bad Wildungen.

6

(USPD) erarbeitet worden waren. Die Richtlinien sahen die Schaffung von mindestens sechsköpfigen Räten in jeder Gemeinde vor, aus denen mittels Wahl Kreisbauern- und Landarbeiterräte hervorgehen sollten.
Insgesamt jedoch blieb das Interesse in den nord- und mittelhessischen Landkreisen an der Schaffung der Räte relativ gering. Angesprochen fühlten sich vor allem die alten landwirtschaftlichen Verbände, die in der Initiative der Reichsregierung eine willkommene Möglichkeit erblickten, um revolutionäre Tendenzen auf dem Land zu unterbinden. Im Gegensatz zu den spontan und aufgrund des Strebens nach politischer und gesellschaftlicher Veränderung entstandenen Arbeiter- und Soldatenräten erwiesen sich die durch behördliche Anordnung geschaffenen Bauern- und Landarbeiterräte als Orte konservativer Klientelpolitik.
In den Landkreisen des Regierungsbezirks Kassel begann die Bildung der Bauern- und Landarbeiterräte erst ab Januar 1919 Fahrt aufzunehmen, nachdem der Regierungspräsident die Landräte an die diesbezügliche Pflicht erinnert und hierzu eine regelmäßige Berichterstattung angemahnt hatte. Die Berichte der Landräte zeichnen mit Blick auf Sinn und Nutzen der neuen Gremien ein durchwachsenes Bild: So zeigten die Bauern- und Landarbeiterräte, wie der Frankenberger Landrat im Februar 1919 nach Kassel schrieb, für die ihnen obliegenden Aufgaben wenig Verständnis. Sie seien zumeist nur auf die eng gefassten Interessen ihrer Berufsgenossen bedacht. Zu einer ähnlichen Auffassung gelangte der Ziegenhainer Landrat, der dem Regierungspräsidenten etwa zeitgleich mitteilte, dass die Tätigkeit der Räte kaum zu einer Verbesserung der wirtschaftlichen Lage beigetragen habe.

< Seite 36

Bekanntmachung

In Waldeck entstand am 11. November 1918 ebenfalls ein Vorläufiger Arbeiter- und Soldatenrat. Fürst Friedrich zu Waldeck (1865–1946) wurde durch einen aus Kassel angereisten Vertreter des Zentralen Arbeiter- und Soldatenrats des Regierungsbezirks für abgesetzt erklärt. Das Fürstentum Waldeck und Pyrmont wurde ein Freistaat innerhalb der Weimarer Republik.

Hessisches Staatsarchiv Marburg

Bauern und Landarbeiter!

Nur 10 von uns gegen bald 300 A.- und S.-Räte der Industrie bilden heute den Räte-Kongreß.

Wo sind unsere Führer?! Sie arbeiten auf dem Lande, und soweit sie nicht Angst vor dem „Rat“ haben, schlafen sie im öffentlichen Leben. —

Hinweg mit denen, die das Land nicht kennen und uns hindern, dem Landvolk die fehlende sachverständige Vertretung aller Berufsstände zu geben! — Hinweg mit den Sonder-Interessen der Behörden, Vereine, Parteien und der kurzsichtigen Landleute, die den Kopf in den Sand stecken und nicht sehen wollen, daß wir — und mit aller Kraft — am wirtschaftlichen Neuaufbau Deutschlands mitarbeiten müssen!

Nur Einigkeit und der Wille zur Macht gibt Macht!

Keinen anderen Weg gibt es zur Zeit als

Bauern- und Landarbeiterräte!

Deshalb: Wählt Männer mit Mut und Kraft! Wählt Männer mit dem Herzen für's Landvolk!

Alle, die arbeiten, müssen vertreten sein.

3 Gruppen schaffen auf dem Lande fürs tägliche Brot: Arbeitgeber, Arbeitnehmer und die große Mittelgruppe der Kleinstellenbesitzer, Handwerker, Beamten, Lehrer und alle, die auf dem Lande wirken. Diese 3 Gruppen müssen überall gleichberechtigt vertreten sein. Bereits in mehreren Provinzen durchgeführt, stehen aber noch viele Gemeinden abseits. Deshalb geht von Ort zu Ort, rüttelt sie wach!

Schaffendes Landvolk, Männer wie Frauen, steht auf, um Deutschland zu helfen!

Organisiert Euch in Kreisen, Regierungsbezirken, Provinzen und Staaten zum

Reichs-Bauern- und Landarbeiter-Tag,

auf Grund der Verordnung des Reichs-Ernährungsamtes vom 22. 11. 1918.

Jeder Regierungsbezirk sende zu Freitag, den 30. Mai, außer den unterzeichneten Mitgliedern des provisorischen Reichs-B.- u. L.-Rates, 3 stimmberechtigte Vertreter nach Goslar a. H.

Das arbeitende Landvolk ist eine Einheit! Es helfe fortan der Starke dem Schwachen. Gemeinsam werden wir dann den Neubau des Landes vollbringen.

* * *

B.- und L.-Räte! Schafft auch für die wirtschaftlichen Aufgaben eine Organisation, die alle umspannt! Jeder Mann, jeder Verein, jeder Verband schließe sich an:

Zum Abbau der Kriegs- und Zwangswirtschaft, zum Aufbau unserer Heimat!

Ratschläge für B.- und L.-Räte, Bekanntmachungen, Satzungen enthält das

Bauern- und Landarbeiter-Blatt,

das von der Geschäftsstelle des Reichs-B.- und L.-Rates, **Berlin SW 11, Dessauer Straße 15** allen Interessenten kostenlos zugesandt wird.

Für den Reichs-Bauern- und Landarbeiter-Rat:

G. Lodemann, Weizenfelde (Westpreußen)
Hermann Böge, Neuenbrook (Schlesw.-Holstein)
Fritz Aisch, Reichenbach (Schlesien)
Johann Schröder IV, Grosseelheim (Hess.-Nassau)
Fr. Kruse, Behnsdorf (Provinz Sachsen)
Fritz Krey, Niederpritschen bei Fraustadt (Posen)
W. Mandler, Krofsdorf, Krs. Wetzlar (Rheinpr.)
Wilhelm Radler, Striegau (Schlesien)
Georg Günther, Sagan (Schlesien)
Valentin Lauer, Mardorf (Hess.-Nassau)
Karl Rasche, Hamm (Westfalen)
Philipp Johannsen, Oldenburg (Schlesw.-Holstein)
Max Mißfeldt, Suchsdorf (Schlesw.-Holstein)
Fr. Borchardt, Stuhm (Westpr.)

A. v. Davier, Schriftführer des Reichs-B. und L.-Rates

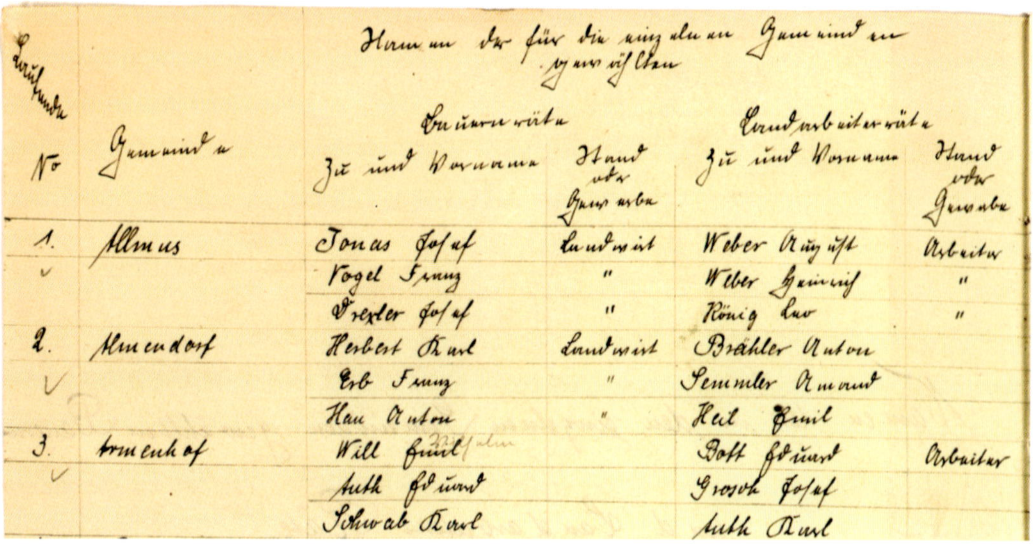

Laufende No	Gemeinden	Bauernräte: Zu und Vorname	Stand oder Gewerbe	Landarbeiterräte: Zu und Vorname	Stand oder Gewerbe
1.	Allmus	Jonas Josef	Landwirt	Weber August	Arbeiter
		Vogel Franz	"	Weber Heinrich	"
		Drexler Josef	"	König Leo	"
2.	Almendorf	Herbert Karl	Landwirt	Brähler Anton	
		Erb Franz	"	Semmler Armand	
		Hau Anton	"	Heil Emil	
3.	Armenhof	Will Emil		Boß Eduard	Arbeiter
		Huth Eduard		Grosch Josef	
		Schwab Karl		Huth Karl	

Organisierte Bauernräte

Ausschnitt aus einer Liste der Mitglieder der Bauern- und Landarbeiterräte in den Gemeinden des Landkreises Fulda sowie der Delegierten für die Wahl des Kreisbauern- und Landarbeiterrates, Januar 1919.

Hessisches Staatsarchiv Marburg

Insgesamt beschränkten sich die Kompetenzen der Bauern- und Landarbeiterräte des Bezirks auf genuin landwirtschaftliche Fragestellungen und hier insbesondere auf die Überwachung der pflichtgemäßen Ablieferung von Lebensmitteln durch die Landwirte. Über eine Rolle als Hilfsstellen der Behörden kamen sie in der Regel nicht hinaus. Aufgrund der Mitgliederzusammensetzung bestand letztlich in ideologischer wie programmatischer Hinsicht eine tiefe Kluft zwischen den sozialdemokratisch geprägten Arbeiter- und Soldatenräten auf der einen und den zutiefst konservativen Bauern- und Landarbeiterräten auf der anderen Seite, deren Wirken das Voranschreiten der Revolution paradoxerweise eher hemmte als beförderte. *DP*

< Seite 38

Bauern- und Landarbeiterräte

Der Reichs-Bauern- und Landarbeiterrat konstituierte sich im Dezember 1918 in Berlin. Vertreten waren vor allem die konservativen Agrarverbände. Anfang 1919 rief der Rat zur Teilnahme am Reichs-Bauern- und Landarbeitertag im Mai 1919 auf.

Hessisches Staatsarchiv Marburg

„Sturmvögel der Revolution" in Frankfurt

Frankfurt, die größte und wirtschaftlich bedeutendste Stadt im Rhein-Main-Gebiet, erlebte die Zeit des Ersten Weltkriegs als eine Phase des Verlusts zahlreicher Mitbürger sowie der Entbehrungen aufgrund von Lebensmittel- und Brennstoffknappheit. Darüber hinaus hinterließen 1917/18 elf Fliegerangriffe deutliche Spuren in der Stadt.

In der Endphase des Krieges gärte es längst: Der 1914 geschlossene Burgfrieden zwischen Bürgertum und Aristokratie auf der einen und der Arbeiterbewegung auf der anderen Seite hatte im Verlauf des Weltkrieges tiefe Risse bekommen. Unzufriedenheit und Antikriegsstimmung manifestierten sich in Massenstreiks. Zugleich hatte sich die SPD als politische Kraft der starken, traditionsreichen Frankfurter Arbeiterbewegung in eine gemäßigte Mehrheitssozialdemokratie und eine konsequent sozialistische Unabhängige SPD zu spalten begonnen.

In dieser politisch angespannten Situation kam der Impuls zu einem Umsturz der bestehenden Ordnung von außen: Als „Sturmvögel der Revolution" trafen am 7. November 150 meu-ternde Matrosen aus Kiel in Frankfurt ein, einen Tag später 80 weitere.

Wilhelm Grönke (1896–1986)

Grönke, hier als 3.v.l. unter Angehörigen des Frankfurter Matrosenrates, war in Frankfurt aufgewachsen. Nach seinem Militärdienst bei der Marine kehrte er mit anderen Matrosen in seine Heimatstadt zurück, um hier an zentraler Stelle die Revolution voranzutreiben.

Institut für Stadtgeschichte Frankfurt a.M.

Kieler Matrosen

Die Kieler Matrosen spielten für den Aufbau des Frankfurter Arbeiter- und Soldatenrats eine Schlüsselrolle. Am 9. November 1918 sorgten sie für Sicherheit und Ordnung, wie hier mit aufgebocktem Maschinengewehr vor dem Hauptportal zum Frankfurter Hof.

Institut für Stadtgeschichte Frankfurt a.M.

Sie stießen mit SPD und USPD auf zwei rivalisierende Arbeiterparteien, die diesen revolutionären Anstoß unterschiedlich aufnahmen. Im Einverständnis mit dem Generalkommando des 18. Armeekorps, das seinen Sitz in Frankfurt hatte, ließ die SPD einen Soldatenrat wählen. Die USPD bildete über ihre Vertrauensleute in den Industriebetrieben einen Arbeiterrat, der von den eigenen Parteigängern dominiert wurde. Dieser Arbeiterrat bekam am 9. November jedoch auf Druck der Mehrheits-SPD eine paritätische Zusammensetzung aus Vertretern beider sozialistischer Parteien. Am 10. November schlossen sich die Räte der Soldaten und der Arbeiterschaft zu einem gemeinsamen Arbeiter- und Soldatenrat (ASR) zusammen, der als revolutionäres Vollzugsorgan die Macht übernahm.

Für die nächsten Monate blieb das Organ der Revolution der maßgebliche Machtfaktor. Das drängendste Problem war auch in Frankfurt die Demobilisierung zahlloser Soldaten, die verpflegt und untergebracht werden mussten. Auch für die Stadtbe-

7

Mitbürger!

Der Soldatenrat

der Garnison Frankfurt a. M. hat die **politische Gewalt** übernommen. Sein großes freiheitliches Werk im Dienst aller kann nur gelingen, wenn jeder einzelne strengste Selbstdisziplin übt.

Wahret darum unbedingt **Ruhe und Ordnung! Gewalttätigkeiten sind unwürdig!** Der Soldatenrat hat alle Maßnahmen zur Aufrechterhaltung der Sicherheit und Ordnung getroffen und dafür gesorgt, daß die geordnete Verwaltung gewährleistet ist.

Im Auftrage des Soldatenrats verordne ich, in Stellvertretung des bisherigen Polizeipräsidenten, der seine Amtsbefugnis an den Soldatenrat abgetreten hat:

1. Von $7\frac{1}{2}$ Uhr abends bis morgens 6 Uhr ist für das Publikum der **Strassenverkehr verboten.** Diejenigen, die aus Berufsgründen die Straße passieren müssen oder Fremde sind, haben sich zu legitimieren.
2. Von 7 Uhr abends ab bis morgens 6 Uhr sind bis Dienstag den 12. November ds. Js. einschließlich **sämtliche öffentlichen Lokale** (Wirtschaften, Cafés usw.), **Theater, Kinos und andere derartige Veranstaltungen, insbesondere Varietés, zu schliessen.**

Sämtlichen Anordnungen der polizeilichen Organe ist unbedingt Folge zu leisten.

Zuwiderhandlungen gegen die obigen Bestimmungen müssen im Interesse der Gesamtheit auf das strengste geahndet werden.

Nach Art. 5 des Aufrufs des Frankfurter Soldatenrats wird Plündern und Straßenraub mit dem Tode bestraft, soweit nicht schon das Gesetz die Todesstrafe androht.

Sämtliche Beamte des Polizeipräsidiums haben ihren Dienst sofort in ihren Dienststellen bei Meidung strenger Maßnahmen um 4 Uhr aufzunehmen.

Frankfurt a.M., 9. November 1918.

Im Auftrage des Soldatenrats

Der stellvertretende Polizeipräsident.

Dr. Sinzheimer.

Wahlen zur Nationalversammlung

Der Arbeiter- und Soldatenrat sicherte auch die Wahlen zur Nationalversammlung am 19. Januar 1919. Das Bild zeigt einen sozialdemokratischen Demonstrationszug in der Frankfurter Zeil und an der Hauptwache anlässlich der Wahl.

Institut für Stadtgeschichte Frankfurt a.M.

völkerung musste die Grundversorgung mit Lebensmitteln und Brennstoffen gesichert werden. Dass sich am 10. Dezember der Soldatenrat auflöste, da Frankfurt gemäß dem Waffenstillstand mit der Entente in der neutralen Zone lag und das Generalkommando mit den Soldaten die Stadt verlassen musste, schwächte die revolutionären Kräfte noch nicht entscheidend.
Erst ab Beginn des Jahres 1919 machte sich allmählich der

< Seite 42

Machtübernahme

In dieser Proklamation vom 9. November 1918 bekräftigen die aufständischen Soldaten ihre Übernahme der politischen und vollziehenden Gewalt.

Institut für Stadtgeschichte Frankfurt a.M.

Machtverfall des Arbeiterrates bemerkbar. Zum einen kam es zu einer weiteren Aufsplitterung der Arbeiterbewegung in USPD, KPD und SPD, die sich politisch immer weiter vom Arbeiterrat distanzierte. Zum anderen zeigten die Wahlen zur Nationalversammlung am 19. Januar, zur preußischen verfassungsgebenden Landesversammlung am 26. Januar und schließlich zur Stadtverordnetenversammlung am 2. März 1919, dass die Parteien der Arbeiterbewegung zusehends an politischem Rückhalt in der Bevölkerung verloren.

Mit französischer Billigung kehrten Einheiten der Reichswehr in die Stadt zurück und entmachteten im November 1919 den Frankfurter Arbeiterrat. Im Januar 1920 löste dieser sich selbst auf.

JZ

> Seite 45 oben

Demobilisierung

Wie überall in Deutschland wurden auch in Frankfurt die von der Front zurückkehrenden Truppen von der Bevölkerung begeistert begrüßt, hier am Opernplatz, 2. Dezember 1918.

Institut für Stadtgeschichte Frankfurt a.M.

> Seite 45 unten

Französische Besetzung

Aus Marokko stammende französische Besatzungssoldaten postierten sich auf dem Platz vor der Hauptwache. Viele Frankfurter missbilligten den Einmarsch des französischen Militärs. Am 7. April eskalierte die Situation. In den Auseinandersetzungen erschossen die Besatzungstruppen zehn Zivilisten.

Institut für Stadtgeschichte Frankfurt a.M.

Die Besetzung Frankfurts.

Die von den Marokkanern besetzte Hauptwache, wo es zu blutigen Zusammenstössen mit dem Publikum kam.

Gewaltfreie Revolution in Wiesbaden

Der Erste Weltkrieg war für Wiesbaden eine Zeit des Niedergangs. Von dem Glanz früherer Tage, als Wiesbaden die bevorzugte Sommerresidenz des Kaisers war und zahlreiche wohlhabende Kurgäste die Stadt bevölkerten, war im Herbst 1918 nur noch ein blasser Schatten geblieben. Ausländer mussten Wiesbaden bereits mit Ausbruch des Krieges verlassen, da die Stadt zum Festungsbereich von Mainz gehörte. Deutsche Kur-

8

Arbeiter- und Soldatenrat
Der Wiesbadener Arbeiter- und Soldatenrat residierte während seiner rund fünfwöchigen Existenz im Stadtschloss. Hier der Eingang zur Dienststelle des Arbeiter- und Soldatenrates.
Stadtarchiv Wiesbaden

gäste blieben aus. Die freien Kapazitäten wurden zur Einrichtung von Lazaretten sowie zur Unterbringung von Ärzten und Pflegepersonal genutzt. Am 23. Oktober 1918 wurde Wiesbaden Ziel eines englischen Luftangriffs, dem 13 Menschen zum Opfer fielen.

Trotz der sich anbahnenden Niederlage kam das Kriegsende auch für die Wiesbadener Bevölkerung unerwartet und abrupt. Dem militärischen Zusammenbruch folgte unmittelbar das Ende der alten dynastischen Ordnung. Anfang November überschlugen sich die Ereignisse. Die Revolution erreichte am 9. November Wiesbaden. Marinesoldaten des Kölner Soldatenrates initiierten die Bildung eines Soldatenrates aus dem Ersatz-Bataillon des 80. Füsilierregiments heraus, dem 1866 entstandenen Wiesbadener „Hausregiment“. Am Abend desselben Tages veranstalteten die Arbeiterparteien in der Wiesbadener „Wart-

Rückkehr des 80. Füsilierregiments

Am 5. Dezember 1918 kehrten die „im Felde unbesiegten“ Helden des in Wiesbaden stationierten 80. Füsilierregiments zurück. Freudig begrüßte die Bevölkerung die Soldaten auf der Wiesbadener „Rue“, der Wilhelmstraße.

Stadtarchiv Wiesbaden

8

Verwundungslazarett

Die meisten Wiesbadener Hotels, in denen bis Kriegsbeginn wohlhabende Kurgäste logiert hatten, wurden während des Krieges als Lazarette genutzt. So auch das Hotel Hessischer Hof, hier mit Soldaten und Pflegepersonal.

Stadtarchiv Wiesbaden

burg", dem Vereinsheim des Wiesbadener Männergesangsvereins in der Schwalbacher Straße, eine Großveranstaltung. Es wurde ein Arbeiterrat gewählt, in dem SPD und USPD paritätisch acht Mitglieder stellten. Am 10. November fusionierte der Arbeiterrat mit dem Soldatenrat und übernahm anschließend gewaltfrei und ohne Blutvergießen die Macht über die Stadt und den Landkreis Wiesbaden.

Während auf dem Stadtschloss die rote Fahne der Revolution wehte, sorgte das neue Vollzugsorgan für Stabilität und Ordnung: Soldaten mit roten Armbinden patrouillierten in der Stadt. Unruhen, die andernorts die öffentliche Sicherheit bedrohten, fanden in Wiesbaden nicht statt.

Erleichtert darüber, dass es nicht zu anarchischen Zuständen

Exerziermarsch der Kolonialtruppen

Die bis 1926 andauernde Besetzung Wiesbadens durch Truppen des französischen „Erbfeinds" empfanden viele Wiesbadener als nationale Schmach. Dass dunkelhäutige Soldaten zu den Besatzern zählten, schürte bei der Bevölkerung zusätzlich rassistische Ressentiments. Das Bild zeigt den Exerziermarsch einer Kolonialtruppe vor der Marktkirche.

Stadtarchiv Wiesbaden

kam, fand sich die Wiesbadener Bevölkerung rasch mit der Abdankung des Kaisers ab und zollte den neuen Machthabern am 11. November auf einer Großkundgebung mit tausenden Teilnehmern auf dem Schlossplatz ihren Respekt. Während der nächsten Wochen blieb der Wiesbadener Arbeiter- und Soldatenrat seiner Linie treu, in unruhigen, revolutionären Zeiten drängende Probleme des Alltags pragmatisch zu lösen. Demobilisierte Soldaten mussten entwaffnet und mit dem Lebensnotwendigen versorgt, die Ernährung der zivilen Bevölkerung gesichert werden.

Die Novemberrevolution endete in Wiesbaden fast geräuschlos mit der französischen Rheinlandbesetzung. Entente-Truppen zogen am 13. Dezember 1918 in Wiesbaden ein, das zum Brückenkopf Mainz gehörte und damit zu jenen deutschen Gebieten, die gemäß Artikel V des Waffenstillstandsvertrags von Compiègne von französischen Truppen zu besetzen waren. Der Arbeiter- und Soldatenrat löste sich auf und die französische Besatzungsherrschaft begann, was den Niedergang der einstmals blühenden Kurindustrie weiter beschleunigte. *JZ*

Abwehr des Separatismus

Die Besetzung des Rheinlands durch das französische Militär schuf den Nährboden, auf dem sich der rheinische Separatismus ab 1919 entfalten konnte. Der Separatismus verfolgte das Ziel, eine konfessionell katholisch und politisch auf Frankreich hin ausgerichtete Rheinische Republik zu gründen. Er besaß zwei Stoßrichtungen: zum einen, zurückreichend bis ins 19. Jahrhundert, gegen die protestantische Hegemonialmacht Preußen, zum anderen gegen den Sozialismus, der seit der Novemberrevolution allerorten die althergebrachte Sozial- und Wirtschaftsordnung bedrohte. Das französische Militär, welches das Rheinland im Dezember 1919 besetzte, unterstützte die Bestrebungen für eine Eigenstaatlichkeit. Mit einem solchen „Pufferstaat" hätte sich Frankreich die Kontrolle der westdeutschen Wirtschaftsressourcen gesichert und das unter preußischer Dominanz stehende Deutsche Reich stark geschwächt.

Hans Adam Dorten (1880–1963)

Dorten war die maßgebliche Führungspersönlichkeit der beiden Umsturzversuche der rheinischen Separatisten. Nach dem letztmaligen Scheitern seiner politischen Bewegung 1923/24 wanderte er nach Frankreich aus.

Eckhart G. Franz, Die Chronik Hessens

Panzer in Wiesbaden

Nach dem Beginn des Separatisten-Putsches in Wiesbaden am 23. Oktober sicherten französische Panzer das von den Umstürzlern besetzte Rathaus am Schlossplatz gegen den reichsdeutschen Widerstand ab.

Stadtarchiv Wiesbaden

9

Wiesbaden war neben Aachen, Köln und Trier eines der Zentren des rheinischen Separatismus. Auch im benachbarten, katholisch geprägten Rheingau, u.a. in Eltville, Johannisberg und Lorchhausen, stieß der Separatismus auf positiven Widerhall. In Wiesbaden war der Staatsanwalt Hans Adam Dorten die treibende Kraft bei dem Versuch, eine eigenständige Rheinische Republik zu begründen. Nach seiner Heimkehr aus dem Kriegsdienst, bei dem er mit dem Eisernen Kreuz I. und II. Klasse ausgezeichnet worden war, politisierte sich Dorten im Zuge der Novemberrevolution. Nach seiner Demobilmachung zog er Anfang 1919 nach Wiesbaden in die Hildastraße 14. Dort traf er mit französischen Militärs und politisch Gleichgesinnten zusammen. Unter der Führung Dortens und anfänglich unterstützt von der französischen Besatzungsmacht, proklamierten die Wiesba-

9

An die Bevölkerung!

Eine Handvoll unbekannter Elemente hat es gewagt, hier eine sogenannte **Rheinische Republik** auszurufen. Die gesamte Bevölkerung muss den Beweis erbringen, dass sie mit solchem Streich sich nicht einverstanden erklärt.

Ab 9 Uhr schliessen für heute alle Geschäfte und die gesamte Arbeit ruht!

Wir setzen kein Vertrauen in Elemente, die die wirtschaftlichen Verhältnisse zugunsten der Allgemeinheit nicht bessern können.

Notstandsarbeit im Krankenhause, Gas-, Wasser- und Elektrizitätswerk muss geleistet werden!

Seid auf der Hut! Nur Einigkeit macht stark!

Die Gewerkschaften. Die Arbeiterparteien.

Widerstand

Die Gewerkschaften sowie die Arbeiterparteien SPD und KPD riefen im Oktober 1923 entschieden dazu auf, sich den Separatisten entgegenzustellen.

Stadtarchiv Wiesbaden

dener Separatisten am 1. Juni 1919 die Rheinische Republik. In Wiesbaden stieß dieser Putschversuch auf den vehementen Widerstand von Stadtverwaltung und Bevölkerung. Zum einen waren die französischen Besatzer, die die Separatisten protegierten, nicht wohlgelitten. Die Not und Entbehrungen, die bereits der Krieg über die Einwohner der Stadt gebracht hatte, wurden durch die Besetzung noch verstärkt. Sich gegen die Separatisten zu wehren, war ein patriotisches Votum gegen Frankreich. Zahlreiche Wiesbadener folgten dem Aufruf der Stadtverwaltung zu einem Generalstreik und zu Protestkundgebungen gegen die selbsternannte Regierung eines „Präsidenten" Dorten. Nachdem es auch den Militärbehörden nicht gelang, diese

Das Ende der Separatisten
Nach dem Scheitern ihres Umsturzversuches hinterließen die Separatisten im Dezember 1923 Zerstörungen im Wiesbadener Regierungspräsidium.
Stadtarchiv Wiesbaden

Streikbewegungen ohne Anwendung von Gewalt zu unterbinden, entzogen die Franzosen den Putschisten ihre Unterstützung. Ohne Schutzmacht und vollziehende Gewalt brach der von Dorten angeführte Putsch schließlich in sich zusammen.
Allerdings war das Scheitern dieses ersten separatistischen Umsturzversuchs noch nicht das Ende der politischen Bewegung. Die französischen Militärs setzten die von den deutschen Behörden betriebene Strafverfolgung der Putschisten wegen Landesverrats aus. Dorten, formell des Hochverrats bezichtigt, und seine Mitstreiter blieben daher im französisch besetzten Rheinland unbehelligt.
Im Herbst 1923, unter den politischen Vorzeichen der Ruhrkrise, unternahmen die Separatisten einen erneuten Putschversuch. Angetrieben von der Proklamation einer Republik Rheinland zunächst in Koblenz, dann in Bad Ems sowie aktiv von französischen Militärs unterstützt, besetzten Separatisten am 22. Ok-

tober das Wiesbadener Rathaus und hissten dort ihre grün-weiß-rote Fahne. Es kam zu einem Schusswechsel zwischen Separatisten und ihren reichstreuen Gegnern. Weitere Regierungsgebäude wurden besetzt, darunter das Polizeipräsidium und das Regierungspräsidium. In den folgenden Wochen folgten in Wiesbaden und seinen Vororten wie Bierstadt blutige Auseinandersetzungen.
Ähnlich wie bereits 1919 endete der separatistische Umsturzversuch im Januar 1924 erfolglos. Dies war einerseits auf den Widerstand der Verwaltung und Bevölkerung zurückzuführen, andererseits auf das Zurückweichen der französischen Besatzer.

JZ

Revolutionärer Eilantrag in Darmstadt

Auftakt der Revolution im Großherzogtum Hessen war der am 7. November 1918 im Landtag zu Darmstadt behandelte Eilantrag der Sozialdemokraten über die Einführung der parlamentarischen Staatsordnung und die Umwandlung des monarchischen Obrigkeitsstaats in den Volksstaat. Die am Folgetag von Großherzog Ernst Ludwig angeordnete Einberufung eines Staatsrates aus den Reihen der Landtagsparteien hielt die Entwicklung nicht mehr auf.
In der Nacht vom 8. auf den 9. November erklärte der von Soldaten des Griesheimer Truppenlagers nahe Darmstadt gebildete „Hessische Arbeiter-, Bauern- und Soldatenrat" den letzten Großherzog von Hessen und bei Rhein für abgesetzt und rief die „freie sozialistische Republik Hessen" aus. Die Sozialdemokraten unter Führung Carl Ulrichs publizierten noch am selben Tag im „Volksfreund" diesen Aufruf des Soldatenrats. Auch in Offenbach und Gießen organisierten sich Arbeiter- und Soldatenräte

Ernst Ludwig, Großherzog von Hessen und bei Rhein (1868–1937)

Ernst Ludwig übernahm 1892 die Regentschaft des Großherzogtums. Einen besonderen Ruf erwarb er sich als Förderer der Kunst und Gründer der Darmstädter Künstlerkolonie Mathildenhöhe.

Hessisches Staatsarchiv Darmstadt

Ausgangspunkt des Umsturzes

In Darmstadt ging die Revolution aus von revoltierenden Soldaten im Barackenlager auf dem nahe gelegenen Truppenübungsplatz in Griesheim.

Hessisches Staatsarchiv Darmstadt

10

Volksversammlung

Die revolutionären Ereignisse brachten auch in Darmstadt viele Bürger vor das Darmstädter Schloss.

Hessisches Staatsarchiv Darmstadt

Hessischer Volksfreund

Organ für die Interessen des werktätigen Volkes.

Nr. 264 | Telefon: Expedition Nr. 577 | Darmstadt, Samstag, den 9. November 1918. | Telefon: Redaktion Nr. 214 | 12. Jahrg.

Hessen sozialistische Republik.

An das hessische Volk! **Volksgenossen!**

In der Nacht vom Freitag auf Samstag hat sich in Darmstadt der **Hessische Arbeiter-, Bauern- und Soldatenrat** konstituiert. Alle öffentliche Gebäude sind von uns besetzt.

Der Aufruf des Soldatenrates.

Soldaten und Bürger!

Am 8. November 1918, abends 8 Uhr, haben wir Soldaten vom Truppen-Übungsplatz Darmstadt einen Soldatenrat gegründet. Der Soldatenrat verlangt und verbürgt sich für die Durchführung folgender Forderungen:

Gleiches Recht für Mannschaften und Offiziere. Vorgesetzte gibt es nur noch im Dienst. Nach dem Dienst hat jeder Soldat völlige Bewegungsfreiheit.

Teilnahme der Soldaten an der Kommando- und Disziplinargewalt.

[illegible]

Das Privateigentum bleibt unangetastet.

Die Lebensmittelversorgung der Bevölkerung wird unter Aufsicht des Soldatenrates gestellt.

Alle in öffentlichen Diensten stehende Personen haben wie bisher ihre Pflicht zu erfüllen.

Notwendige Änderungen werden vom Soldatenrat verfügt.

Der Soldatenrat der Stadt Darmstadt.

Das Programm des Soldatenrates.

1. Der Soldatenrat erklärt Hessen-Darmstadt als freie sozialistische Republik bis ein deutscher Republikbund gegründet ist.
2. Sämtliche Truppenteile haben sich dem Soldatenrat zu unterwerfen und Gehorsam zu leisten.
3. [illegible]
4. Für Verpflegung und Löhnung werden Kommissionen gebildet. [illegible]
5. Die öffentliche Ordnung muß unbedingt aufrecht erhalten werden. [illegible]
6. Das öffentliche Geschäftsleben erfährt keine Unterbrechung.
7. Die öffentliche Sicherheit [illegible]
8. Offiziere haben sämtliche Militär-Rangabzeichen abzulegen. [illegible]
9. Alle Soldaten [illegible]

[illegible]

Die Arbeiter haben sich der Bewegung angeschlossen. Es ist kein Blutvergießen vorgekommen.

Die für morgen nach Groß-Gerau einberufene Vertrauensmännersitzung findet im Gewerkschaftshaus in Darmstadt statt.

Interessen des werktätigen Volkes

Am 9. November 1918 erklärte der sozialdemokratische „Hessische Volksfreund" Hessen zur sozialistischen Republik. Titelseite der Darmstädter SPD-Zeitung „Hessischer Volksfreund", 9. November 1918.

Hessisches Staatsarchiv Darmstadt

10

und übernahmen dort die politische Kontrolle. Obwohl Großherzog Ernst Ludwig nicht förmlich abdankte, wurde die SPD-Fraktion im Landtag von den Räten mit der Bildung einer neuen, republikanischen Regierung beauftragt, die zügig die Wahl einer „Landesversammlung" zur Legitimierung der neuen Ordnung organisieren sollte.
Binnen weniger Tage übernahm die von dem neuen Ministerpräsidenten Carl Ulrich geführte Revolutionsregierung alle Staatsgeschäfte und suchte eine breite demokratisch-parlamentarische

Basis. Ausdrücklich wurden alle Parteien eingeladen, an der Neugestaltung der Staatsordnung mitzuwirken. Ulrich, der der Zweiten Kammer des Hessischen Landtags seit 1885 angehörte und dort eine der politisch herausragenden Führungspersönlichkeiten war, vermochte es, Abgeordnete der früheren Fortschritts-Demokraten und der katholischen Zentrumspartei für die Mitarbeit zu gewinnen. Nationalliberale und Bauernbund indessen verhielten sich ablehnend.
Die großherzoglichen Minister wurden am 13. November förmlich in den Ruhestand verabschiedet. Mit Rundschreiben des Staatsministeriums an alle Beamten und Notare in der Republik Hessen wurde am Folgetag die Abschaffung der Dienstbezeichnung „großherzoglich" verfügt. Auch ohne formelle Abdankung anerkannte Großherzog Ernst Ludwig de facto die Ergebnisse der revolutionären Ereignisse und das Ende der Monarchie in Hessen. *KDR*

Landesvolksrat und neue „Volksparteien“

Die Machtübernahme der Räte und ihre Zusammenfassung im Landesvolksrat im Dezember 1918 mit Delegierten aus den drei hessischen Provinzen und den großen Städten des Landes blieb trotz Einrichtung einer Bürgergarde und eines Revolutionstribunals eine Episode. In den Wintermonaten 1918/19 unterstützte der Landesvolksrat vor allem die Sicherung der öffentlichen Ordnung und die Versorgung der Bevölkerung mit Nahrungsmitteln, Brennmaterial, Wohnraum und Rohstoffen für den Neubeginn der industriellen Produktion. Zudem musste die Demobilisierung der Militäreinheiten organisiert werden. Dies stellte in den von französischen Truppen besetzten Gebietsteilen eine große Herausforderung dar, denn die französische Besatzungszone umfasste mit der Provinz Rheinhessen und Teilen der Provinzen Starkenburg und Oberhessen rund ein Viertel des Staatsgebiets mit einem Drittel der Bevölkerung.

11

Carl Ulrich (1853–1933)
Ulrich war seit 1885 Abgeordneter der SPD im Hessischen Landtag und saß ab 1890 zugleich im Reichstag. Als Ministerpräsident der provisorischen Regierung übernahm er die Führung der revolutionären Bewegung und war bis 1928 erster Staatspräsident des Volksstaats Hessen.
Hessisches Staatsarchiv Darmstadt

11

Landesvolksrat

Aus dem Arbeiter-, Bauern- und Soldatenrat formierte sich in Darmstadt im Dezember 1918 der „Hessische Landesvolksrat".

Hessisches Staatsarchiv Darmstadt

Die politischen Parteien formierten sich bereits vor Erlass der hessischen Wahlverordnung vom 3. Dezember 1918 neu zur Vorbereitung auf die Wahlen, bei denen erstmals auch Frauen wahlberechtigt waren. Die Frauen in Hessen avancierten zur besonderen Zielgruppe in den Wahlprogrammen. Alle Parteien firmierten, entsprechend der neuen „Volkssouveränität", nun als „Volksparteien", die Nationalliberalen als „Deutsche Volkspartei", das katholische Zentrum als „Christliche Volkspartei" und

> Seite 61

„Zur Warnung..."

Auch der Arbeiter- und Soldatenrat der Republik Hessen in Darmstadt war entschlossen, Sicherheit und Ordnung aufrecht zu erhalten. Plakat 20.11.1918.

Hessisches Staatsarchiv Darmstadt

Zur Warnung

Der Arbeiter- und Soldatenrat hat bis zur Wiederherstellung geordneter Verhältnisse ein

Revolutions-Gericht

errichtet, welches zuständig ist für die Aburteilung folgender Verbrechen:

Mord
Plünderung
Raub
Notzucht

mit Waffengewalt unternommener Handlungen gegen die herrschende Gewalt, insbesondere gegen die Tätigkeit und den Bestand des Hessischen Arbeiter- und Soldatenrates.

Auf obige Verbrechen steht die

Todesstrafe des Erschießens,

bei mildernden Umständen schwere Freiheitsstrafe.

Darmstadt, den 20. November 1918.

Der Arbeiter- und Soldatenrat der Republik Hessen.

Knoblauch. Delp. Stork.

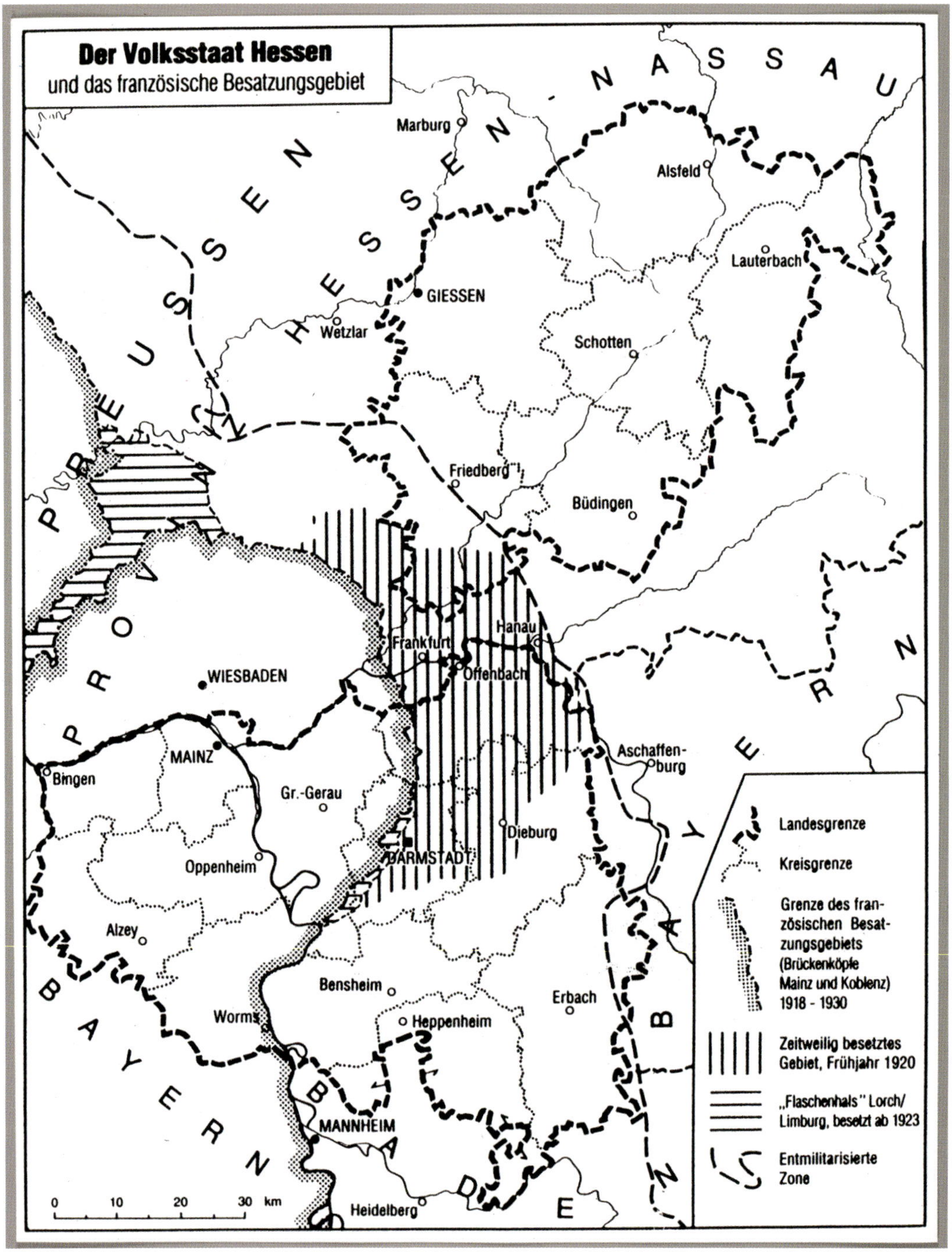

In den alten Grenzen

Das Staatsgebiet Hessen-Darmstadts veränderte sich durch die Revolution 1918/19 nicht.
Die Karte zeigt das Gebeit des Volksstaats Hessen und die französische Besatzungszone nach 1918.

Hessisches Staatsarchiv Darmstadt

die konservative Rechte als „Hessische Volkspartei", was ihnen den Spott der Sozialdemokraten eintrug.
Nur eine Woche nach der Wahl zur deutschen Nationalversammlung konnten am 26. Januar 1919 alle männlichen und weiblichen Einwohner ab 20 Jahren ohne Einschränkung die „Verfassungsgebende Volkskammer der Republik Hessen" wählen. Die neue Landesversammlung bestand nun erstmals seit der Verfassung von 1820 aus einer Kammer, für die nach Verhältniswahlrecht auf Listenbasis 70 Abgeordnete gewählt wurden.

KDR

Zur Verfassung des Volksstaats Hessen

Zwei Tage vor der Konstituierung der Volkskammer am 13. Februar 1919 löste sich der revolutionäre Landesvolksrat auf und übertrug seine auf die Novemberrevolution gegründete gesetzgebende Gewalt auf die neugewählte Volksvertretung. Am 14. Februar legte Ministerpräsident Carl Ulrich der Volkskammer den Entwurf einer vorläufigen Verfassung vor. Sie enthielt programmatische Erklärungen und bestimmte Staatsform, Staatsgebiet, Staatsleitung und Gesetzgebung. Festlegungen über Grundrechte blieben der endgültigen Verfassung vorbehalten, die Vergesellschaftung der Wirtschaft sollte auf der Reichsebene geregelt werden.

Am 20. Februar 1919 nahm die Volkskammer die provisorische Landesverfassung an und bestätigte am Folgetag durch Wahl die bisherige Regierung im Amt. Die Verfassung des nunmehri-

12

Bernhard Adelung (1876–1943)

Adelung war 1919 Präsident der verfassungsgebenden Volkskammer der Republik Hessen, anschließend, 1919–1928, Landtagspräsident und 1928–1933 Staatspräsident des Volksstaats Hessen.

Hessisches Staatsarchiv Darmstadt

Zaungäste
Großherzog Ernst Ludwig, seine Gemahlin und seine beiden Söhne verfolgen am 14. Mai 1919 eine politische Kundgebung auf dem Darmstädter Marienplatz.
Hessisches Staatsarchiv Darmstadt

gen Volksstaats Hessen wurde am 12. Dezember 1919 verabschiedet. Die Abgeordneten der Volkskammer behielten danach ihre Mandate bis zum Ablauf der auf drei Jahre festgelegten Wahlperiode.
Damit war ein gewaltfreier Übergang von der Monarchie zur Republik gelungen. Doch bedeuteten die schlechte Versorgung, die Wohnungsnot, der Rückgang der industriellen Produktion, die Arbeitslosigkeit und die Demobilisierung enorme Herausforderungen für die neue Landesregierung. *KDR*

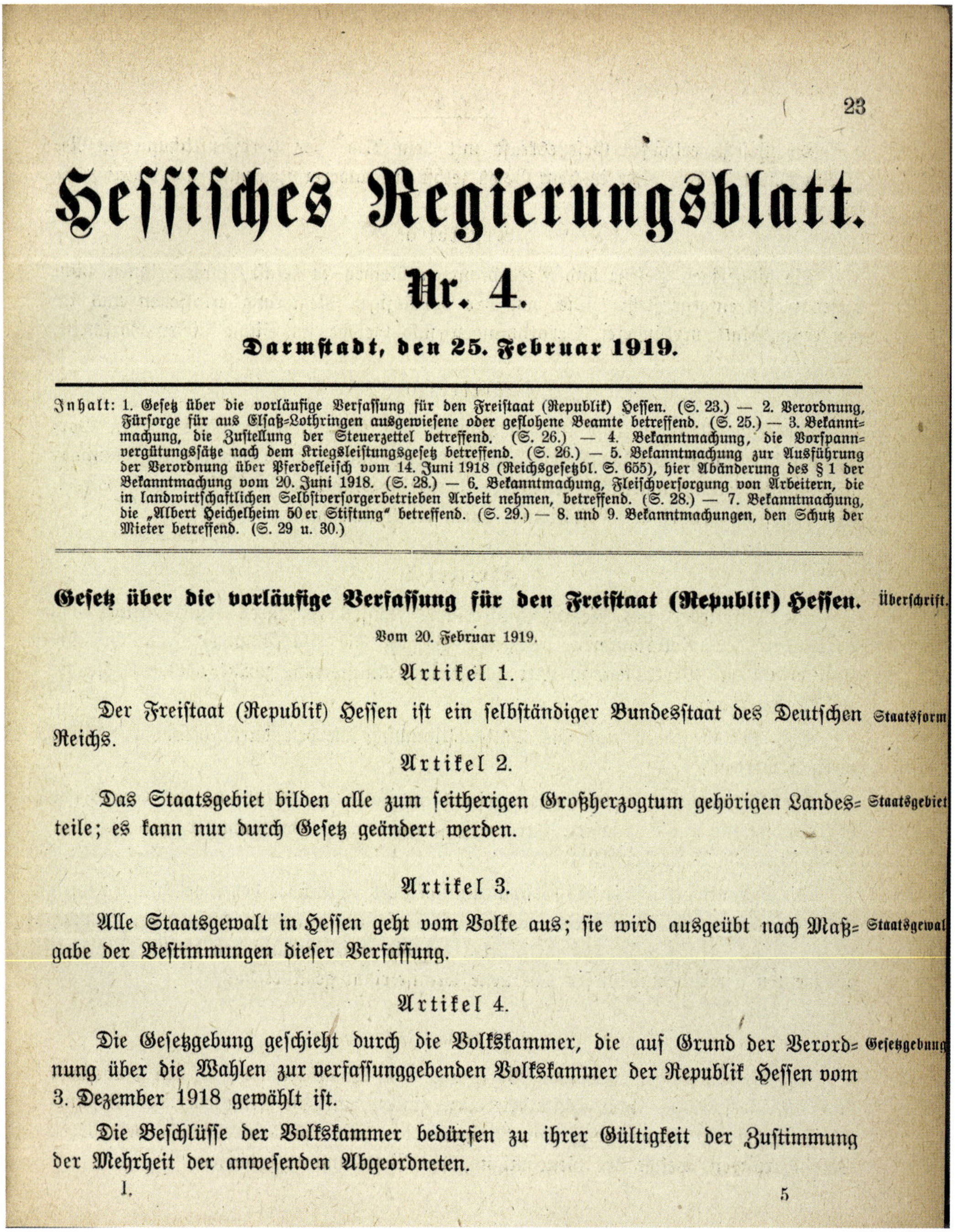

23

Hessisches Regierungsblatt.

Nr. 4.

Darmstadt, den 25. Februar 1919.

Inhalt: 1. Gesetz über die vorläufige Verfassung für den Freistaat (Republik) Hessen. (S. 23.) — 2. Verordnung, Fürsorge für aus Elsaß-Lothringen ausgewiesene oder geflohene Beamte betreffend. (S. 25.) — 3. Bekanntmachung, die Zustellung der Steuerzettel betreffend. (S. 26.) — 4. Bekanntmachung, die Vorspannvergütungssätze nach dem Kriegsleistungsgesetz betreffend. (S. 26.) — 5. Bekanntmachung zur Ausführung der Verordnung über Pferdefleisch vom 14. Juni 1918 (Reichsgesetzbl. S. 655), hier Abänderung des § 1 der Bekanntmachung vom 20. Juni 1918. (S. 28.) — 6. Bekanntmachung, Fleischversorgung von Arbeitern, die in landwirtschaftlichen Selbstversorgerbetrieben Arbeit nehmen, betreffend. (S. 28.) — 7. Bekanntmachung, die „Albert Heichelheim 50er Stiftung" betreffend. (S. 29.) — 8. und 9. Bekanntmachungen, den Schutz der Mieter betreffend. (S. 29 u. 30.)

Gesetz über die vorläufige Verfassung für den Freistaat (Republik) Hessen. Überschrift

Vom 20. Februar 1919.

Artikel 1.

Der Freistaat (Republik) Hessen ist ein selbständiger Bundesstaat des Deutschen Reichs. Staatsform

Artikel 2.

Das Staatsgebiet bilden alle zum seitherigen Großherzogtum gehörigen Landesteile; es kann nur durch Gesetz geändert werden. Staatsgebiet

Artikel 3.

Alle Staatsgewalt in Hessen geht vom Volke aus; sie wird ausgeübt nach Maßgabe der Bestimmungen dieser Verfassung. Staatsgewal

Artikel 4.

Die Gesetzgebung geschieht durch die Volkskammer, die auf Grund der Verordnung über die Wahlen zur verfassunggebenden Volkskammer der Republik Hessen vom 3. Dezember 1918 gewählt ist. Gesetzgebun

Die Beschlüsse der Volkskammer bedürfen zu ihrer Gültigkeit der Zustimmung der Mehrheit der anwesenden Abgeordneten.

I. 5

12

Verfassung des Volksstaates

Die hessische Republik gibt sich am 20.2.1919 zunächst eine „Vorläufige Verfassung für den Freistaat (Republik) Hessen" und am 12.12.1919 „Die Hessische Verfassung".

Hessisches Regierungsblatt 1919, Nr. 4 und Nr. 37

Hessisches Regierungsblatt.

Nr. 37.

Darmstadt, den 20. Dezember 1919.

Inhalt: 1. Die Hessische Verfassung. (S. 439.) — 2. Gesetz über die Veräußerung staatlichen Grundeigentums. (S. 452.) — 3. Verordnung, die Abänderung der Verordnung vom 8. November 1909 über die Dampfkessel betreffend (S. 453.) — 4. Bekanntmachung, den 5. Nachtrag zur Deutschen Arzneitaxe 1919 betreffend. (S. 454.)

Die Hessische Verfassung.

Vom 12. Dezember 1919.

Das Hessische Volk hat durch die am 26. Januar 1919 gewählte verfassunggebende Volkskammer in Ausführung des Artikels 10 der vorläufigen Verfassung für den Freistaat (Republik) Hessen die nachstehende

Verfassung vom 12. Dezember 1919

beschlossen.

I. Abschnitt.

Vom Volksstaat Hessen und seinen Grenzen.

Artikel 1.

Der Volksstaat Hessen bildet als selbständiges Land einen Bestandteil des Deutschen Reichs.

Die Landeshoheit unterliegt nur den aus der Verfassung und den sonstigen Gesetzen des Deutschen Reichs sich ergebenden Beschränkungen.

Artikel 2.

Alle Landesteile Hessens in ihrem gegenwärtigen Bestande bilden das Staatsgebiet des Volksstaates Hessen. Veränderungen im Bestande des Staatsgebiets unterliegen den für Verfassungsänderungen vorgesehenen Vorschriften.

II. Abschnitt.

Von der Staatsgewalt.

Artikel 3.

Alle Staatsgewalt im Volksstaat Hessen geht vom Volke aus. Sie wird ausgeübt teils unmittelbar durch die stimmberechtigten reichsdeutschen Männer und Frauen, die in Hessen wohnen, teils mittelbar durch die Volksvertretung und die Behörden.

I. 63

12

Weichenstellungen

Alle Macht den Räten?

Antriebskräfte der Novemberrevolution waren die ersehnte Herbeiführung eines Endes des kräftezehrenden Ersten Weltkriegs, die Umwandlung des monarchischen Systems in eine republikanische Staatsform, das Streben nach einer tiefgreifenden Demokratisierung sowie – mal mehr, mal weniger prononciert vorgetragen – die Überführung von Schlüsselindustrien in Gemeineigentum.

Nach Etablierung des „Rätesystems" sahen sich die neuen Kontrollorgane jedoch zuvorderst mit den drängenden und tagesaktuellen Aufgaben konfrontiert: Gewährleistung der inneren Sicherheit, Versorgung der Bevölkerung mit Nahrungsmitteln und Heizmaterial, Bekämpfung der Wohnungsnot in den Städten, Demobilisierung der Soldaten und deren Wiedereingliederung in das Wirtschaftsleben. Zur Bewältigung dieser Herausforderungen waren die Revolutionsgremien, die nicht über das hierzu

Philipp Scheidemann (1865–1939)

Der Sozialdemokrat Philipp Scheidemann, der am 9. November 1918 in Berlin die Republik ausrief, war 1919–1925 gewählter Oberbürgermeister von Kassel.

Library of Congress

Sitzung des Arbeiter- und Soldatenrates Höchst
In Höchst am Main übernahm am 11. November 1918 ein Arbeiter- und Soldatenrat die Macht. Er tagte im dortigen Bolongaropalast.
Archiv der sozialen Demokratie

13

notwendige Personal verfügten, auf die wilhelminischen Großagrarier und Offiziere, Verwaltungsbeamten, Richter und Polizeiführer angewiesen. Eben jene hätten jedoch von ihren Posten entfernt werden müssen, um eine Demokratisierung von Dauer zu erreichen. Angesichts dieses Dilemmas zwischen einer Vollendung der Revolutionsziele auf der einen und der Bewältigung der aktuellen Problemstellungen auf der anderen Seite folgte die Mehrheit der Räte der Linie des Berliner Rates der Volksbeauftragten und gab Letzterem den Vorrang.
So kam es während des Jahres 1919 zu einem oftmals paradox anmutenden Zusammenwirken von Verwaltungsbehörden und revolutionären Organen, nicht zuletzt in der Frage der Finanzierung der Räte. Da die Mitglieder ihre ursprünglichen Berufe zumeist aufgaben, war für sie von erheblicher Bedeutung, ob und wie entstandene Kosten gedeckt wurden. Nicht nur benötigten die Revolutionäre Mittel, um den eigenen und den Unterhalt ihrer Familien bestreiten zu können, sondern es

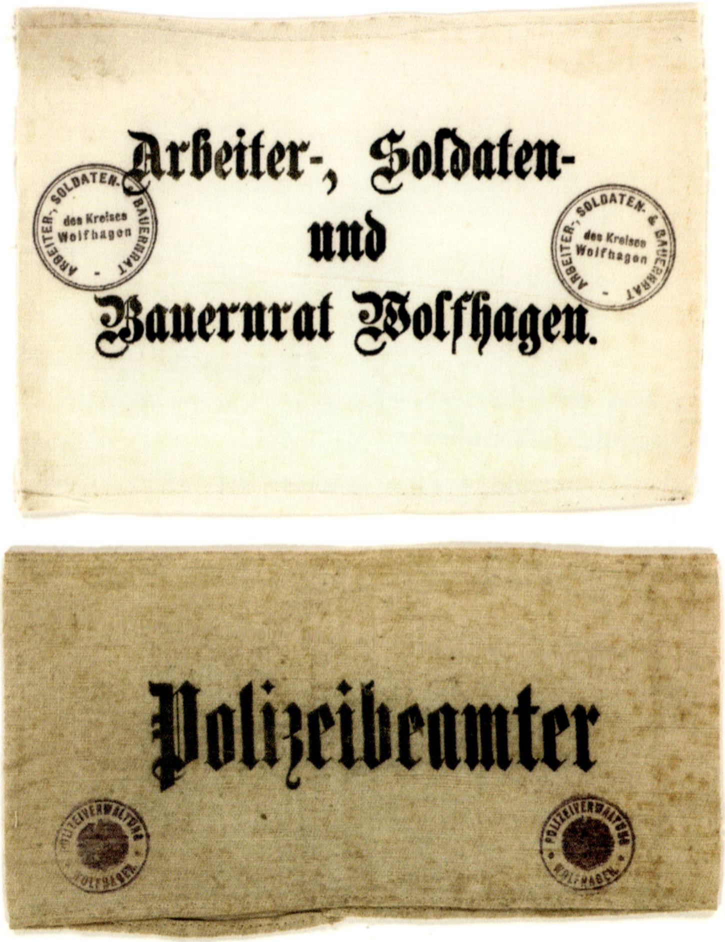

Wehrhafte Arbeiter- und Soldatenräte

Um ihre Kontrollfunktionen auszuüben, stellten die Arbeiter- und Soldatenräte eigene Wehren auf, die polizeiliche Aufgaben wahrnahmen, z. B. auch während der Wahlen zur Nationalversammlung im Januar 1919 für die Sicherheit sorgten. Sie trugen Waffen und gaben sich – wie hier der Arbeiter-, Soldaten- und Bauernrat Wolfhagen 1919 – durch Armbinden zu erkennen.

Hessisches Staatsarchiv Marburg

13

waren Anschaffungen von Arbeitsmaterial und das Anmieten von Räumlichkeiten notwendig.

Für die Provinz Hessen-Nassau galt ein Erlass der preußischen Regierung vom November 1918, demgemäß die Kosten der Räte jeweils von der Stelle zu begleichen waren, bei der sie ihre Tätigkeit ausübten. So sollten Räte mit einem städtischen Wirkungsbereich aus den kommunalen Haushalten, Räte auf Ebene der Regierungsbezirke durch die Staatskasse finanziert werden. Ein Selbstläufer war diese Regelung allerdings nicht. Kosten mussten im Einzelfall durch Belege nachgewiesen werden und wurden bei Weitem nicht immer anstandslos beglichen. Ganz im Gegenteil: Über die Finanzierung und die hierdurch bestehende Abhängigkeit der Räte besaßen Kommu-

Arbeiter- u. Soldatenrat Hanau a. M.
Vorsitzender: F. Schnellbacher

Sitz des Arbeiterrats: Kreishaus, Hainstraße Nr. 25 Telefon Nr. 1321
" " Soldatenrats: Offizier-Kasino, Sandelsdamm 7 Telefon Nr. 1376
" " Garnison-Kommando: Paradeplatz / Tel. 25

Hanau a. M., 2. Januar 1919.

18

Regierung Cassel -4. JAN. 1919

P. Nr. 979

15 Pfg. Porto kontiert.

An den

Herrn Regierungspräsidenten

Cassel.

Wir nehmen Bezug auf unser Schreiben vom 4. 12. 1918 in dem wir um Eröffnung eines Kredits vom 100000 M. für erhöhte Geschäftsbedürfnisse des Landratsamtes behufs Entschädigung des Arbeiter und Soldatenrates. Wir beziehen uns auf die Verordnung der Reichsregierung vom 16. 11. 18 veröffentlicht im Reichsanzeiger Nr. 273 und bitten der Dringlichkeit halber um umgehende Erledigung der Angelegenheit, da wir sonst finanziell in Schwierigkeit geraten.

Arbeiter- und Soldatenrat Hanau a. M.

Arbeiter und Soldatenrat

umso besser!

20

13

Auch die Räte benötigten finanzielle Mittel

Um ihre Aufgaben ausfüllen zu können, benötigten die Arbeiter- und Soldatenräte finanzielle Mittel, die sie bei den ihnen eigentlich unterstellten Verwaltungen beantragen mussten. Der Kreditantrag des USPD-dominierten Arbeiter- und Soldatenrates Hanau vom 2. Januar 1919 an den Regierungspräsidenten bat um Unterstützung, „da wir sonst finanziell in Schwierigkeiten geraten". Ein Kasseler Beamter kommentierte hierzu nur: „umso besser!"

Hessisches Staatsarchiv Marburg

nen und staatliche Stellen Möglichkeiten der Einflussnahme und Kontrolle, von denen sie immer wieder Gebrauch machten, um die politischen Aktivitäten der Räte einzudämmen. Somit stieß die konsequente Umsetzung der Revolutionsziele vielerorts an eine Grenze.

Nach der Wahl zur Weimarer Nationalversammlung wurde die Rätebewegung in Hessen insgesamt merklich schwächer und löste sich ab Frühjahr 1919 schleichend auf, war doch das wesentliche Ziel der SPD, eine parlamentarische Demokratie auf den Weg zu bringen, erreicht und die Übergangsstruktur des

Rätesystems aus ihrer Sicht nicht mehr notwendig. Ausnahmen bildeten Frankfurt a.M. und Kassel. In Frankfurt hielt der Arbeiter- und Soldatenrat aus eigenem Antrieb länger an seinen Kompetenzen fest. In Kassel vollzog sich die Überführung der gemäßigten Rätebewegung in institutionalisierte politische Strukturen später. Dass dort Philipp Scheidemann, der Mitglied des Berliner Rates der Volksbeauftragten und danach Reichsministerpräsident war, Ende 1919 zum Oberbürgermeister gewählt wurde, war für die dortige Entwicklung symptomatisch. *DP*

„Wenn wir schreiten Seit an Seit" – die Arbeiterparteien

Im 19. Jahrhundert hatte sich die deutsche Sozialdemokratie zum politischen Arm der Arbeiterbewegung entwickelt. Sie kämpfte für die Verbesserung der Lebensverhältnisse der Arbeiter und für eine demokratische Republik. 1914, zu Beginn des Ersten Weltkriegs, trat die SPD dem sogenannten „Burgfrieden" bei, um die Außen- und Kriegspolitik des Reichs zu unterstützen. Aus Protest gegen die Bewilligung der Kredite für die Kriegsführung gründeten 1917 linke Sozialdemokraten, die diese Politik nicht weiter mittragen wollten, die Unabhängige Sozialdemokratische Partei – USPD.

Im Oktober 1918 trat die SPD in die Regierung Max von Baden ein. Da es den „Mehrheitssozialisten" – zunächst zusammen mit der USPD – gelungen war, sich an die Spitze der Revolutions-

14

Friedrich Ebert (1871–1925)

Aus Bremen kommend wurde Ebert 1912 in den Reichstag gewählt und übernahm 1913 den Vorsitz der SPD. Während der Novemberrevolution wurde er zum Reichkanzler ernannt. Am 11. Februar 1919 wählte ihn die Weimarer Nationalversammlung zum ersten Reichspräsidenten. Er füllte dieses Amt bis zu seinem Tod 1925 aus.

Friedrich-Ebert-Stiftung

bewegung zu setzen, übertrug Max von Baden dem SPD-Vorsitzenden Friedrich Ebert nach der Abdankung Kaiser Wilhelms II. am 9. November 1918 die Führung der Regierungsgeschäfte. Nun war der Weg frei, die so lange verfolgten politischen Ziele umzusetzen: Es galt, eine freie, gleiche und gerechte demokratische Republik aufzubauen. Bereits am 12. November 1918 wurden in Berlin u. a. das Frauenwahlrecht und die Einführung des 8-Stunden-Tags proklamiert. Nur drei Tage später einigten sich Unternehmerverbände und Gewerkschaften darauf, dass die Gewerkschaften als Vertretung der Arbeiterschaft anerkannt, Tarifverträge eingeführt und gemeinsame Ausschüsse zur sozialpartnerschaftlichen Gestaltung des gesamten Wirtschaftslebens errichtet wurden.

Rat der Volksbeauftragten

Ende 1918 schied die USPD aus dem Rat der Volksbeauftragten aus, da sie keine Möglichkeit mehr sah, ihre revolutionären Ziele zu verwirklichen. Fortan bestand der Rat der Volksbeauftragten – während der Revolution die Reichsregierung – nur noch aus den Sozialdemokraten Otto Landsberg, Philipp Scheidemann, Gustav Noske, Friedrich Ebert und Rudolf Wissel (v.l.).

Bundesarchiv

Frauen!
KIRCHBACH
Gleiche Rechte - Gleiche Pflichten
Wählt
sozialdemokratisch!
SOZIALDEMOKRATISCHE PARTEI DEUTSCHLANDS.

Der Erste Reichskongress der Arbeiter- und Soldatenräte vom 16.–21. Dezember 1918 verständigte sich darauf, am 19. Januar 1919 die Wahl zu einer Verfassungsgebenden Nationalversammlung durchzuführen. Die Beschlüsse des Reichskongresses zur „Demokratisierung" der Armee und zum sofortigen Beginn der Sozialisierung „geeigneter" Industrien wurden jedoch nicht weiterverfolgt.
Dies bewog die USPD, sich Ende 1918 aus der Regierungsverantwortung im Reich zurückzuziehen. Infolge dessen gründete sich aus dem Spartakusbund und dem linken USPD-Flügel zur Jahreswende 1918/19 die KPD, die sich der internationalen kommunistischen Bewegung verpflichtete und, auch mit Waffengewalt, für eine sozialistische Räterepublik kämpfte. Die SPD hingegen wuchs nun noch mehr in die Rolle einer verantwortungsbewussten Staatspartei hinein.
1919 zog sie als größte Fraktion – mit 165 von 423 Mandaten – in die Nationalversammlung ein. Ihre politischen Forderungen hatten in den Verhandlungen um die Verfassung damit großes Gewicht, und auch die DDP (75 Mandate) und das Zentrum (90 Mandate) leisteten konstruktive Beiträge. Diese „Weimarer Koalition" sorgte am 31. Juli 1919 für die Verabschiedung der ersten deutschen demokratischen Verfassung, der die auf soziale Reformen setzenden Sozialdemokraten programmatisch ihren Stempel aufdrücken konnten.
Die Weimarer Verfassung sollte aus Sicht der SPD weit mehr sein als ein Organisationsstatut, das die Machtbefugnisse der staatlichen Akteure austarierte. Sie enthielt daher einen ausführlichen Katalog bürgerlicher Freiheits- und Grundrechte sowie Regeln für das Gemeinschaftsleben, wie den Schutz der Familie, die Glaubens- und Gewissensfreiheit, die allgemeine Schulpflicht und

< Seite 76

Wahlplakat der SPD
Die Einführung des Frauenwahlrechts motivierte alle Parteien, um Frauen als Wählerinnen zu werben – mit durchaus unterschiedlichen Vorstellungen von der Stellung der Frau in Gesellschaft und Politik.
Hessisches Staatsarchiv Marburg

WÄHLT
U.S.P.
KAPITALISMUS
R. SCHUMANN
GRAPH. WERKSTÄTTE
MÜNCHEN
SPRENGT DIE KETTEN!

14

eine staatliche Schulaufsicht. Vor allem aber verhieß die Verfassung grundlegende Elemente einer sozialen Wirtschaftsdemokratie. Das Wirtschaftsleben sollte „Gerechtigkeit" und „ein menschenwürdiges Dasein" garantieren, das Eigentum der Allgemeinheit dienen, ein einheitliches Arbeitsrecht die Arbeitnehmer schützen und die Bildung von Betriebsräten ermöglichen.

In Hessen gewann die kommunistische Arbeiterbewegung vor allem im Frankfurter Raum erheblichen Einfluss. Die dortige Chemie- und Metall-Industrie hatte ein proletarisches Milieu hervorgebracht. Angesichts der schlechten Versorgungslage gelang es der KPD, die Gewerkschaften für Protest- und Streikaufrufe zu gewinnen. In Hanau dominierte die USPD gar den Arbeiter- und Soldatenrat, die Presse und die Sicherheitsorgane. Anfang 1919 überspannte sie jedoch den Bogen, ihre „Spartakisten-Herrschaft" wurde durch Regierungstruppen gewaltsam beendet. In Offenbach riefen USPD und KPD am 15. März 1919 zu einem Aufstand gegen die Regierung in Darmstadt auf. Am 18. April 1919 kam es zu einem echten Aufstand, den hessische Truppen blutig niederschlugen.

14

Überdurchschnittliche Erfolge verbuchte die SPD in Kassel und Umland. Sie verfolgte dort eine „reformistische" Politik, die bei den gewerkschaftlich gut verankerten und bodenständigen Arbeitern, von denen viele einpendelten, honoriert wurde. Eine ähnlich gemäßigte wie erfolgreiche Politik verfolgte die Darmstädter SPD. *AH*

< Seite 78

Wahlplakat der USPD

Die USPD verfolgte, im Gegensatz zu den „Mehrheitssozialisten" der SPD, die für eine soziale Reformpolitik eintrat, das Ziel einer sozialistischen Räterepublik. Nach der Gründung der KPD übernahm diese große Teile des Wählerklientels der USPD.

Deutsches Historisches Museum

Die bürgerlichen Parteien

Das konservative und bürgerliche Lager war zu Beginn des 20. Jahrhunderts politisch breiter und zugleich differenzierter aufgestellt als heute und formierte sich im Zuge der Novemberrevolution weitgehend neu.

Das Zentrum hatte sich im 19. Jahrhundert als oppositionelle katholische Milieupartei etabliert. Es setzte sich u. a. für gerechtere Steuerlasten und eine Sozialversicherung ein. Anfang des 20. Jahrhunderts wandelte es sich zur Regierungspartei und trat im Ersten Weltkrieg, wie die SPD, dem „Burgfrieden" bei. Der Novemberrevolution stand das Zentrum distanziert gegenüber, zählte unter den Vorsitzenden Matthias Erzberger und Wilhelm Marx aber zu den konstruktiven Kräften der „Weimarer Koalition" und unterstützte u. a. die Einführung der Arbeitslosenversicherung maßgeblich. Mitte der 1920er Jahre wandte sich das

Gustav Stresemann (1878–1929)

Stresemann war Gründer und Vorsitzender der Deutschen Volkspartei. 1923–1929 handelte er als Reichsaußenminister die Verträge von Locarno aus und betrieb maßgeblich die Aufnahme Deutschlands in den Völkerbund. 1926 erhielt er zusammen mit dem französischen Außenminister Aristide Briand den Friedensnobelpreis.

Library of Congress

Zentrum dem konservativen und nationalen Lager zu. Heinrich Brüning war 1930 erster Kanzler einer Folge von „Präsidialkabinetten", die das Ende des Parlamentarismus einläuteten. In den katholischen Gebieten Hessens – Rheingau, Limburg und besonders in und um Fulda – war das Zentrum stark vertreten.
Die Deutsche Demokratische Partei – DDP wurde am 20. November 1918 als demokratische, liberale, nationale und soziale Partei gegründet und knüpfte programmatisch an die vormalige linksliberale Fortschrittliche Volkspartei an. Die DDP suchte den Ausgleich zwischen sozial- und wirtschaftspolitischen Positionen, zwischen Arbeiterschaft und Bürgertum und appellierte an die soziale Verantwortung der Privatwirtschaft, was die Zusammenarbeit mit der SPD nahelegte. Sie gehörte mit SPD und Zentrum zur „Weimarer Koalition". Doch begann schon 1920 ihr Niedergang. Angesichts der schlechten Versorgungslage, Arbeitslosigkeit und Inflation fand ihr Programm des „sozialen Kapitalismus" kaum Gehör, und es gelang ihr nicht, den antisemitisch aufgeladenen Vorwurf zu entkräften, „Partei des Hochkapitals" zu sein.
Im Dezember 1918 gründete sich um den monarchistisch gesinnten Gustav Stresemann als Weiterführung der Nationalliberalen Partei die Deutsche Volkspartei – DVP. Sie war weniger Programmpartei, sondern verfolgte eine praktische Politik, die kaum eine demokratische als vielmehr eine liberale Haltung

15

> Seite 82

Wahlplakat des katholischen Zentrums
Unter Verweis auf die Nächstenliebe betonte das katholische Zentrum zu Beginn der Weimarer Republik programmatisch christlich-soziale Werte.
Hessisches Staatsarchiv Marburg

> Seite 83

Wahlplakat der DDP
Statt einer konfrontativen Politik einzelner gesellschaftlicher Interessensgruppen gegeneinander suchte die DDP nach Ausgleich und Partnerschaft zwischen Arbeiterschaft und Bürgertum. Viele ihrer programmatischen Ansätze fanden Eingang in die Weimarer Verfassung.
Hessisches Staatsarchiv Marburg

Aus der Anarchie
des brutalen Klassenegoismus
retten allein die christlichen Ideale
Recht, Pflicht und Nächstenliebe
DARUM WÄHLT
die Christliche Volkspartei ‹Zentrum›

15

Am Neubau
Gleiches Recht für Alle
Menschenwürdige Wohnverhältnisse
Schutz
soziales Arbeitsrecht
Fürsorge für die Kriegsbeschädigten
Förderung einer gesunden Bauernsiedelung
Eine freie Kirche im freien Staate
Dem Befähigten höchste geistige Ausbildung
Völkerbund
gerecht verteilte Steuern
Nationalversammlung
Die Bausteine der Deutschen Demokratischen Partei

15

15

Wahlplakat der DNVP

Aus ihrer nationalistisch-völkischen Perspektive heraus bekämpfte die DNVP die Revolution von 1918/19 mit allen Mitteln. Sie unterschied dabei kaum zwischen Reformkurs der SPD und den radikalen Umsturzversuchen des Spartakusbundes. Die starke Verankerung im Militär wurde u. a. in der offenen Unterstützung des Kapp-Putsches im März 1920 deutlich.

Hessisches Staatsarchiv Marburg

> Seite 85

Wahlplakat der DVP

Trotz ihrer monarchistischen Grundüberzeugung gelang es der DVP als Milieupartei für den Mittelstand zur Weimarer Republik eine pragmatisch-konstruktive Politik zu entwickeln.

Hessisches Staatsarchiv Marburg

Die deutsche Volkspartei
die Partei des Mittelstandes
Hauptgeschäftsstelle für den Regierungsbezirk Potsdam:
Berlin Lichtenberg, Rathausstr. 7 Fernspr. Lichtenberg 1234, 1056.

15

betonte und die Freiheit des Einzelnen vor den Eingriffen des Staates schützen wollte. Sie lehnte die Weimarer Verfassung ab, stellte sich aber konstruktiv auf die Republik ein und war von 1920 bis 1931 in fast allen Regierungen vertreten. Auch kritisierte sie massiv den Versailler Vertrag, arbeitete aber dennoch für eine Revision auf friedlichem Wege, wofür Mitte der 1920er Jahre vor allem Stresemann stand. Nach dessen Tod driftete die DVP in das rechtskonservative Lager ab.

In der Deutschnationalen Volkspartei – DNVP formierten sich Ende November 1918 die bisherigen nationalkonservativ-völkischen, monarchistischen und antisemitischen Parteien und Gruppierungen. Adlige, ehemalige Offiziere, aber auch Freiberufler, Intellektuelle, Beamte und Angestellte prägten die Partei. Die DNVP besetzte den rechtskonservativen Rand des Weimarer Parteiensystems und bekämpfte offen die Republik. So sympathisierten viele Mitglieder mit dem Kapp-Putsch – Kapp war selbst DNVP-Mitglied. Die Ablehnung der Republik verhinderte nicht die Teilnahme an Regierungsbildungen ab Mitte der 1920er Jahre. Mit der Wahlniederlage von 1928 und der Wahl Alfred Hugenbergs zum Vorsitzenden erfolgte ein weiterer Rechtsruck, der die DNVP in die Arme der NSDAP trieb.

Die DDP war 1919 in Frankfurt, Wiesbaden, Darmstadt, Kassel und in den Kleinstädten, darunter auch die Universitätsstadt Marburg, gut aufgestellt. Ihr Programm vertraten vor allem Einzelpersönlichkeiten. Doch verpufften ihre Erfolge auch in Hessen rasch, da es ihr nicht gelang, sich in der Gesellschaft zu verankern. Eine konservative politische Sozialmoral vertraten auch in Hessen die nationalen Verbände und Kriegervereine sowie die protestantische Kirche. Den konservativen Parteien spielte ferner in die Hände, dass breite liberal und konservativ denkende bürgerliche Schichten, etwa Handwerker, Lehrer und Beamte, sich von den Parteien fernhielten und es dem nationalen Lager gelang, diese nach und nach zu erobern. *AH*

Wahlen zur Nationalversammlung

Seit Ende 1918 erblickte der von den Mehrheitssozialdemokraten getragene Berliner Rat der Volksbeauftragten, der die Reichsregierung ersetzte, seine vornehmsten Aufgaben darin, die unmittelbaren Nöte des Alltags zu bewältigen, die Wirtschaft wieder in Gang zu setzen, die Reichseinheit zu bewahren und „russische Verhältnisse“ im Innern zu verhindern. Diese Ziele schienen nur dann erreichbar, wenn sich die Regierung auf einen unbezweifelbar legitimen Auftrag des Volkes stützen konnte. Daher sollten möglichst rasch Wahlen zur verfassunggebenden Nationalversammlung durchgeführt werden.

Aufruf zur Wahl

Mit einer ganzen Reihe von Plakaten rief der Rat der Volksbeauftragten die Bevölkerung auf, sich an der Wahl zur Weimarer Nationalversammlung zu beteiligen. Dem Aufruf folgten 83% der Wahlberechtigten.

Lothar Gall (Hg.),1848. Aufbruch zur Freiheit, Berlin 1998

Bekanntmachung.

Bei den Wahlen zur verfassunggebenden deutschen Nationalversammlung sind im 19. Wahlkreise, der die Provinz Hessen=Nassau (ohne die Kreise Schaumburg und Schmalkalden), den Kreis Wetzlar vom Regierungsbezirk Coblenz sowie Waldeck umfaßt, entfallen:

I.	auf Wahlvorschlag Dißmann	42980	Stimmen,
II.	auf Wahlvorschlag Luppe	230132	"
III.	auf Wahlvorschlag Müller=Fulda . .	187579	"
IV.	auf Wahlvorschlag Rießer	64465	"
V.	auf Wahlvorschlag Scheidemann . . .	463113	"
VI.	auf Wahlvorschlag Veidt	106078	"
VII.	auf Wahlvorschlag Waßmann	279	"

Die zu einer Gruppe vereinigten Wahlvorschläge III (Müller=Fulda), IV (Rießer) und VI (Veidt) haben somit zusammen 358122 Stimmen erhalten.

Gewählt sind:

1) Bürgermeister Dr. Hermann Luppe, Frankfurt a/M.,
2) Oberbürgermeister Erich Koch, Cassel,
3) Professor Walter Schücking, Marburg a/L.,
4) Rentner Richard Müller, Fulda,
5) Sekretär Joseph Becker, Berlin,
6) Mittelschullehrer Jean Albert Schwarz, Frankfurt a/M.,
7) Universitätsprofessor Geh. Justizrat Dr. Jakob Rießer, Berlin,
8) Volksbeauftragter Philipp Scheidemann, Berlin=Steglitz,
9) Schriftsteller Dr. Max Quarck, Frankfurt a/M.,
10) Stadtverordneter Georg Thöne, Cassel,
11) Schriftsteller Gustav Hoch, Hanau,
12) Schuhmachermeister Friedrich Brühne, Sachsenhausen,
13) Ehefrau Johanna Tesch, Frankfurt a/M.,
14) Rechtsanwalt Dr. Hugo Sinzheimer, Frankfurt a/M.,
15) Pfarrer Karl Veidt, Frankfurt a/M.

Cassel, den 26. Januar 1919.

Der Wahlkommissar
des 19. Wahlkreises für die Wahlen zur verfassunggebenden deutschen Nationalversammlung.
Fritsch,
Oberlandesgerichtspräsident.

16

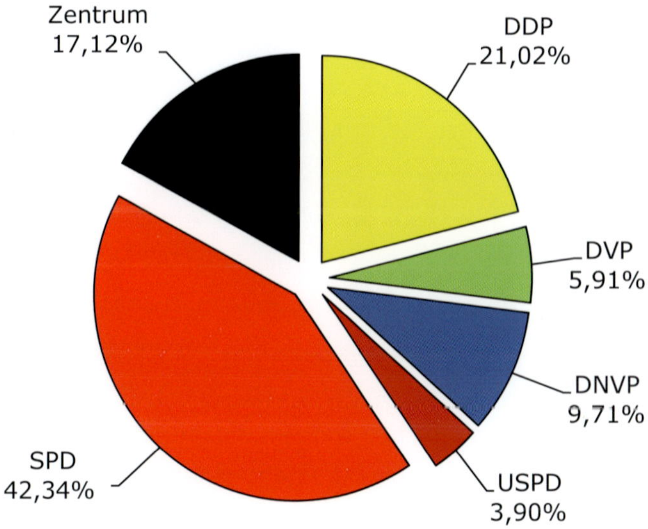

Wahlergebnisse zur Nationalversammlung 1919 Wahlkreis 19 Hessen-Nassau, Wetzlar, Waldeck, in Prozent.

Hessisches Staatsarchiv Marburg

Mit der Entscheidung für das Verhältniswahlrecht und das Frauenwahlrecht sowie einen möglichst frühen Wahltermin erfolgten entscheidende Weichenstellungen für den Übergang zur parlamentarischen Demokratie. Aus den Wahlen zur verfassunggebenden Nationalversammlung am 19. Januar 1919 gingen die Mehrheitssozialdemokraten mit einem reichsweiten Stimmenanteil von 37,9% als stärkste Partei hervor. Im bürgerlichen Lager wurde die Deutsche Demokratische Partei (DDP) mit 18,5% der Stimmen stärkste Kraft, während die katholischen Parteien, Zentrum und Bayerische Volkspartei (BVP) zusammen auf 19,7% kamen. Wahlverlierer waren die Deutschnationale Volkspartei (DNVP) mit 10,3% und die rechtsliberale Deutsche Volkspartei (DVP) mit 4,4%.

Auch im Volksstaat Hessen sowie in der Preußischen Provinz Hessen-Nassau, im Kreis Wetzlar und im Freistaat Waldeck kam es

< Seite 88

Wahlergebnisse

Bekanntmachung des Ergebnisses der Wahlen zur verfassunggebenden deutschen Nationalversammlung vom 19. Januar 1919 im Wahlkreis 19 Hessen-Nassau (ohne Schaumburg und Schmalkalden), Kreis Wetzlar, Freistaat Waldeck, durch den Wahlkommissar.

Hessisches Staatsarchiv Marburg

zu einer markanten Kräfteverschiebung zugunsten der SPD und des Linksliberalismus. Erstere wurde überall zur weitaus stärksten politischen Kraft (z. B. Volksstaat Hessen 47%, Regierungsbezirk Kassel 44%, Freistaat Waldeck 39%), gefolgt von der linksliberalen DDP, die zwischen 19 und 23% pendelte. Das Zentrum erzielte in katholischen Gebieten wie Fulda sehr gute Ergebnisse. Während SPD, Linksliberale und Zentrum im Wahlergebnis eine Bestätigung ihrer bereits 1917 im Interfraktionellen Ausschuss des Reichstags eingeleiteten engen Zusammenarbeit und ihres bisherigen Demokratisierungskurses erblickten, standen die neuformierten rechtsbürgerlichen Parteien vor großen Orientierungs- und Anpassungsproblemen. Die Kriegsniederlage und das Ende der Monarchie hatten die hergebrachten politischen Ordnungsvorstellungen und den Wertehorizont des Bürgertums nachhaltig erschüttert. Es brauchte Zeit, bis aus „Herzensmonarchisten" „Vernunftrepublikaner" wurden. Im rechtsbürgerlichen Lager vollzogen nur wenige diesen Schritt. Die aus der Nationalliberalen Partei des Kaiserreichs hervorgegangene DVP gab sich ausgesprochen vaterländisch, vermied aber ein klares Bekenntnis zur Demokratie, die DNVP verharrte in einer offenen antidemokratischen Grundhaltung.

Nach den Januarwahlen war die SPD bestrebt, ihre in der Revolution gewonnene Machtposition in demokratisch legitimierte Regierungspolitik umzusetzen. Als Bündnispartner kamen letztlich nur die Linksliberalen und das Zentrum, die Mehrheitsparteien des alten Reichstags, in Frage, die nunmehr unter dem Etikett der „Weimarer Koalition" kooperierten.

Hatte bereits der Rat der Volksbeauftragten beachtliche Erfolge bei der Demobilisierung und beim Übergang von der Kriegs-

> Seite 91

Weimarer Koalition

In den späteren 1920er Jahren warben jene drei Parteien, die die Weimarer Republik in der Nationalversammlung aufgebaut und die erste Regierung gestellt hatten, gemeinsam als „Weimarer Koalition".

Bundesarchiv

Unter diesen Farben für
Einheit Freiheit Vaterland!
Wählt:
Sozialdemokraten
oder
Demokraten
oder
Zentrum!
H. KLAER-B.

zur Friedenswirtschaft sowie im Bereich der sozialen Sicherung und des Tarifrechts erzielt, so bewährten sich die sozialdemokratisch geführten Koalitionskabinette Philipp Scheidemann (11. Februar bis 20. Juni 1919), Gustav Bauer (21. Juni 1919 bis 26. März 1920) und Hermann Müller (27. März bis 8. Juni 1920) ab Frühjahr 1919 vor allem im Abwehrkampf gegen gewaltsame Umsturzversuche von rechts und links, bei der Einführung und gesetzlichen Verankerung von Betriebsräten, der Reichsfinanzreform und der Annahme und Unterzeichnung des Friedensvertrags, wodurch die militärische Besetzung Deutschlands abgewendet und die Einheit des Reiches bewahrt wurde. Doch radikalisierten diese Entwicklungen zugleich die politischen Ränder. Die als Verletzung der nationalen Ehre empfundene Annahme des „Diktatfriedens" von Versailles, die formelle Anerkennung der Kriegsschuld und die Beeinträchtigung der Besitzinteressen durch Steuerreform, Betriebsräte und Sozialisierungsdebatten sorgten für einen Rechtsruck im Bürgertum, das Erstarken der reaktionären Kräfte und die ausbleibende Sozialisierung für einen Linksruck in der Arbeiterschaft. *KM*

Demokratische Reichsverfassung

Die in allgemeinen und gleichen Wahlen von allen Deutschen, erstmals auch von Frauen, nach dem Verhältniswahlprinzip am 19. Januar 1919 gewählte verfassunggebende Nationalversammlung konstituierte sich am 6. Februar 1919 im thüringischen Weimar, nicht in dem von Unruhen heimgesuchten Berlin. Schon am 10. Februar erließ sie ein Staatsgrundgesetz über die vorläufige Reichsgewalt, das die Wahl eines Reichspräsidenten und die Ernennung einer Reichsregierung regelte. Am 21. Februar begannen die eigentlichen Verfassungsberatungen, denen ein im Reichsamt des Innern von dem linksliberalen Staatsrechtler Hugo Preuß vorbereiteter Entwurf zugrunde lag. Die vor allem im Verfassungsausschuss geführten Verhandlungen dauerten bis zum 31. Juli. An diesem Tag wurde die neue Verfassung in der Schlussabstimmung mit breiter Mehrheit angenommen

17

Hugo Preuß (1860–1925)
Preuß war Mitbegründer der DDP und 1919–1925 Mitglied des Preußischen Landtags. Im November 1918 wurde er zum Staatssekretär im Innenministerium berufen und von der Regierung Ebert beauftragt, eine Reichsverfassung zu entwerfen. Die Nationalversammlung folgte in großen Teilen seiner Vorlage.

Deutsches Historisches Museum Berlin

Das Weimarer Nationaltheater

Der „Januaraufstand“ in Berlin machte deutlich, dass die Sicherheitslage in der Hauptstadt die Nationalversammlung gefährden könnte. Daher verlegte man den Tagungsort an einen vermeintlich sicheren Ort. Auch in Weimar wurden umfangreiche Schutzmaßnahmen getroffen.

Deutsches Historisches Museum Berlin

17

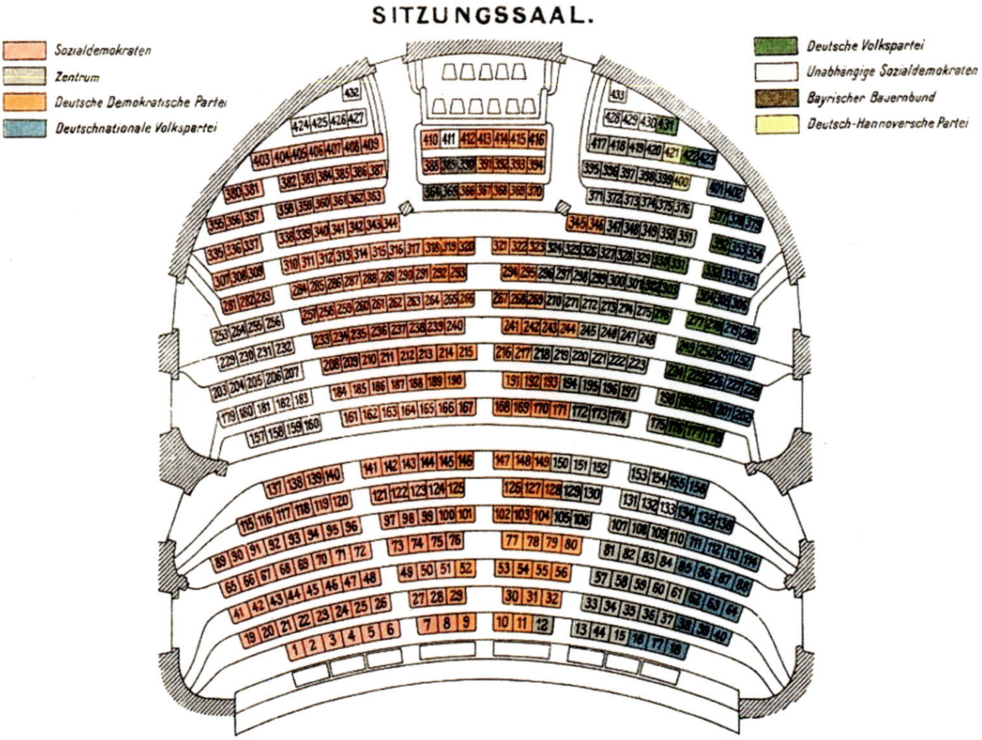

Sitzverteilung im Nationaltheater

Der Plan des Sitzungssaals zeigt die Größe der Fraktionen in der Weimarer Nationalversammlung.

Reichstagshandbuch 1919

und am 14. August durch Veröffentlichung im Reichsgesetzblatt in Kraft gesetzt.
Die nach ihrem Entstehungsort benannte, in zwei Hauptteile (Aufbau und Aufgaben des Reichs, Grundrechte und Grundpflichten der Deutschen) untergliederte Weimarer Reichsverfassung war die erste deutsche Verfassung, die sich in ihrer Präambel zum Prinzip der Volkssouveränität bekannte und plebiszitäre Elemente in Form des Volksentscheids und des Volksbegehrens sowie der Volkswahl des Staatsoberhaupts enthielt.
Im staatsorganisatorischen Abschnitt wurden vor allem das Verhältnis zwischen Reich und Ländern sowie zwischen Parlament und Staatsoberhaupt geregelt. Breiten Raum nahmen die Zusammensetzung und Befugnisse des Reichstags ein, gegenüber dem der Reichsrat, die Vertretung der Länder, nur noch eine bescheidene Rolle spielte.
Hauptkonkurrent des Reichstags, der das Prinzip der repräsentativen Demokratie verkörperte, war das republikanische Staatsoberhaupt. Der vom Volk auf sieben Jahre direkt gewählte und im Notstand mit diktatorischen Machtbefugnissen ausgestattete Reichspräsident war als Garant eines starken überparteilichen Staates gedacht. Er konnte den Reichskanzler nach freiem Ermessen ernennen und entlassen, den Reichstag auflösen, Volksentscheide anordnen und bei erheblicher Störung der öffentlichen Sicherheit und Ordnung alle ihm geeignet erscheinenden militärischen und polizeilichen Gegenmaßnahmen einleiten. Ferner übte er den Oberbefehl über die Reichswehr aus. Dagegen blieben der Reichskanzler mit seiner Richtlinienkompetenz und die für ihre Ressorts verantwortlichen Minister vom Vertrauen des Reichstags abhängig.

Der mit 57 Artikeln bemerkenswert umfangreiche Abschnitt über die Grundrechte und Grundpflichten der Deutschen enthielt nicht nur die klassisch-liberalen Grundrechte des Individuums, sondern auch Regelungen über den öffentlichen Dienst, Ehe und Familie, Religionsgesellschaften, Schule und Bildung sowie das Wirtschaftsleben.
In der Verfassungswirklichkeit führten die bürgerkriegsähnlichen

Abschrift.

Dr. Clößner. Frankfurt a.M., den 9. August 1925.

Ansprache

zur Verfassungsfeier in Frankenberg/Eder

am 11. August 1925.

Deutsche Männer und Frauen, Jünglinge und Jungfrauen, Knaben und Mädchen !

Es sei Jhnen herzlich gedankt, daß Sie die Alltagsarbeit verlassen haben und zu dieser festlichen Stunde gekommen sind; sie gilt der Pflege des Staatsbewußtseins und der Erinnerung an die Rechte, die die Reichsverfassung jedem Deutschen verleiht und sie soll die von der Verfassung uns auferlegten sittl. Verpflichtungen in uns lebendig werden lassen.

Leider fehlt unserem deutschen Volke bisher ein staatlicher Feiertag, an dem ein großer nationaler Gedanke in allen Schichten und Ständen eine allgemeine festliche Begeisterung auslöst. Und auch der heutige Feiertag erfaßt leider nicht das gesamte deutsche Volk. Es sind Millionen, die als Ausland- oder Grenzdeutsche nicht unter der Reichsverfassung stehen; wir haben herrliche Beweise dafür, daß gar viele von ihnen in Sehnsucht nach dem deutschen Mutterlande ihre besten Kräfte verzehren, daß ihr Sinnen und Denken ihr Lebenlange der Vereinigung mit dem großdeutschen Reiche gilt, und daß viele tausende, wie augenblicklich die ihrem Vaterlande treuen Optanten aus Polen ihrer Nationalität die größten Opfer bringen. Wir nehmen Anlaß in dieser Stunde all derer einschließlich vom Druck fremder Besatzung noch heimgesuchter Volksgenossen in Treue zu gedenken, die ihrer Liebe zum Heimatlande heute nicht Ausdruck geben dürfen, wie es ihnen ihr Herz gebietet.

Und wir haben auch zu bedauern, daß links und rechts

Mitbürger

Postkarte zur Erinnerung an die Nationalversammlung in Weimar.
Hessisches Staatsarchiv Marburg

Auseinandersetzungen in den Anfangsjahren der Republik zu einer deutlichen Machtverlagerung zu Gunsten des Reichspräsidenten und der Reichsregierung, die zur Aufrechterhaltung der gesetzlichen Ordnung immer wieder auf Artikel 48 zurückgriffen. Mit Duldung und Unterstützung des Reichstags wurden auch quasi gesetzliche Regelungen, die sogenannten Notverordnungen, zur Abwendung der wirtschaftlichen und finanziellen Not getroffen. Da das vorgesehene Ausführungsgesetz zu Artikel 48 nie zustande kam, blieb die Grenze zwischen Ausnahmezustand und Normalität unscharf.

< Seite 96

Verfassungsfeier

Dr. Clößner aus Frankfurt hielt eine Ansprache anlässlich der Verfassungsfeier in Frankenberg am 11. August 1925. Der 1922 geäußerte Plan des Reichsinnenministers, den 11. August, den Tag der Unterzeichnung der Weimarer Reichsverfassung, zum gesetzlichen Feiertag zu machen, scheiterte am Widerstand der konservativen Landesregierungen. Im sozialdemokratisch regierten Preußen fanden schlichte Verfassungsfeiern mit Ansprachen, Rezitationen sowie Liedern und musikalischer Umrahmung statt.

Hessisches Staatsarchiv Marburg

Die Regierungskoalitionen blieben schwach, stellten oft nur Minderheitskoalitionen dar und zerfielen rasch wieder. Da die Verfassung keine Vorkehrungen enthielt, die die Regierung vor regierungsunfähigen Parlamentsmehrheiten hätte schützen können, sprang der Reichspräsident in die Bresche, wenn das parlamentarische System versagte.
Als sich in der Endphase der Republik die Mehrheit der Wähler für Parteien entschied, die den bestehenden Staat ablehnten, regierten seit 1930 sogenannte Präsidialkabinette, die vom Reichspräsidenten eingesetzt und entlassen wurden, mit präsidentiellen Notverordnungen. Gegen oppositionelle parlamentarische Mehrheiten suchten sie sich durch vom Reichspräsidenten verfügte Reichstagsauflösungen zu schützen. Als die Nationalsozialisten im Januar 1933 die Macht erlangten, brauchten sie die gegen ihre Feinde neutrale demokratische Verfassung daher nicht aufzuheben, um die Republik zu beseitigen. *KM*

17

Die Demütigung von Versailles

Anfang 1919 hatte die neu etablierte politische Führung die demokratische Republik, wenn auch unter schwierigen Verhältnissen, so doch erfolgreich auf den Weg gebracht. Die Wahl zur Nationalversammlung am 19. Januar 1919 war eine entscheidende Weichenstellung. Kurz darauf erfolgten überall Landtags- und Kommunalwahlen. Nun standen vor allem die Parteien der „Weimarer Koalition", SPD, DDP und Zentrum, in der politischen Verantwortung.

Die große Unzufriedenheit über die schlechten Lebensbedingungen begünstigte Protestkundgebungen, die in gewaltsame Unruhen umschlagen konnten. In Berlin kam es zum „Januaraufstand" durch linke USPD-Mitglieder, Spartakusbund und KPD, die die Regierung stürzen wollten. In Bremen wurde eine Räterepublik ausgerufen, im April auch in München, im Ruhrgebiet

18

Matthias Erzberger (1875–1921)

Die Regierung Max von Baden setzte den Vorsitzenden des Zentrums Erzberger als Leiter der Waffenstillstandskommission ein. In dieser Funktion unterzeichnete er am 11. November das Waffenstillstandsabkommen in Compiègne. 1919–1920 war er Reichsfinanzminister. Im August 1921 wurde er von einem rechtsterroristischen Attentäter ermordet.

Bundesarchiv

Zur Einmachzeit des Jahres 1918.

In Ermangelung der durch die Höchstpreise von dem Markt vertriebenen Früchte und Gemüse empfiehlt ein Gelehrter das Einwecken von Fröschen, Mäusen und der berühmten Kohlrüben. — Letztere finden das selbst komisch.

O Einmachzeit, o Einmachzeit!

Da uns das Obst hinwegorganisiert wurde, Weck- und Dreckgläser nun mal vorhanden sind, die Hausfrauen sich aber nach dem Einmachen sehnen, — was tut man nicht alles aus Gewohnheit? — empfiehlt es sich, neben den üblichen Rüben, auch Mäuse und Frösche einzuwecken. — Bei der Vorliebe, welche das Ewigweibliche, oft so schön Leibliche, für diese sympathischen Geschöpfe besitzt, wird dem Einwecken natürlich eine kleine Küchenrevolution vorausgehen. —

18

Bewältigung der Not

Die Karikatur ironisiert die schlechte Versorgungslage mit Lebensmitteln in Frankfurt in der Endphase des Ersten Weltkriegs, die vielerorts zu Demonstrationen und Unruhen führte.

Institut für Stadtgeschichte Frankfurt a.M.

Die Folgen von Versailles

Das Plakat von 1919 illustriert die schmachvollen Folgen des Versailler Vertrags für das Deutsche Reich.

Deutsches Historisches Museum Berlin

streikten die Bergarbeiter. Regierungstreue Truppen und Freikorps schlugen diese Erhebungen brutal und blutig nieder. In diesen Monaten herrschten bürgerkriegsähnliche Zustände. Medial stark beachtet wurden die politischen Morde an linken Republikgegnern: Rosa Luxemburg und Karl Liebknecht wurden Mitte Januar 1919 bestialisch ermordet. Am 21. Februar fiel Kurt Eisner, erster Ministerpräsident der bayerischen Republik, einem Mordkommando zum Opfer.

Die schlechte Lebensmittelsituation führte auch in Hessen zu Protesten und Unruhen. Nach gewaltsamen Plünderungen besetzten in Hanau Mitte Februar Regierungstruppen die Stadt und verhafteten die Führer des Arbeiter- und Soldatenrats. In Frankfurt verloren 20 Menschen bei Hungerprotesten im März 1919 ihr

Leben. Im Juni 1919 erlebte Frankfurt große Arbeitslosendemonstrationen. In Kassel forderten Krawalle wegen gestiegener Lebensmittelpreise vier Todesopfer. Am 18. April 1919 versuchte in Offenbach eine aufgebrachte Menschenmenge unter Führung radikaler Linker und der KPD öffentliche Gebäude zu besetzen. Die hessische Volkswehr und das Darmstädter Militär schlugen den „Offenbacher Karfreitagsputsch" mit Waffengewalt nieder und hinterließen 17 Tote und 26 Schwerverletzte.

Eine weitere drängende Aufgabe war es, die 1918/19 von der Front heimkehrenden Soldaten wieder zu integrieren. Sie hatten bis zuletzt an einen Sieg geglaubt, fühlten sich nun gedemütigt und waren desillusioniert. Daher wurde versucht, sie bei ihren Durchmärschen Ende 1918 in den Städten „wie ein siegreiches Heer" willkommen zu heißen. Viele von ihnen fanden aber nicht zurück in das zivile Leben, sondern ließen sich von den Freikorps anwerben, die ihnen eine Weiterführung des soldatischen Lebens und einen Sold bieten konnten.

18

Über der schwierigen allgemeinen Lage schwebte darüber hinaus das Damoklesschwert der künftigen Friedensbedingungen. Das 14-Punkte-Programm des US-Präsidenten Woodrow Wilson schürte die Hoffnung auf einen „Verständigungsfrieden". Doch kam es anders: Am 7. Mai 1919 erklärten die Siegermächte, dass es einen milden und ehrenvollen Frieden nicht geben würde. Die Kriegsschuld wurde alleine dem Deutschen Reich zugeschrieben. Die Folgen waren schmerzliche territoriale Abtretungen und immense Reparationszahlungen für die kriegsbedingten Zerstörungen und Verluste.

> Seite 103

Dolchstoßlegende

Selbst als 1918 die Niederlage unvermeidbar war, erklärte die militärische Führung weiterhin, dass das Deutsche Reich „im Felde" nicht besiegt worden sei. Die harten Waffenstillstandsbedingungen wie der demütigende Versailler Vertrag wurden hingegen der Verantwortung der regierenden Weimarer Koalition zugeschoben. Sie wurde bezichtigt, damit den heldenhaft kämpfenden Soldaten in den Rücken gefallen zu sein. Wahlplakat der DNVP 1924.

Deutsches Historisches Museum Berlin

Wer hat im Weltkrieg dem deutschen Heere den Dolchstoß versetzt? Wer ist schuld daran, daß unser Volk und Vaterland so tief ins Unglück sinken mußte? Der Parteisekretär der Sozialdemokraten Vater sagt es nach der Revolution 1918 in Magdeburg:
„Wir haben unsere Leute, die an die Front gingen, zur Fahnenflucht veranlaßt. Die Fahnenflüchtigen haben wir organisiert, mit falschen Papieren ausgestattet, mit Geld und unterschriftslosen Flugblättern versehen. Wir haben diese Leute nach allen Himmelsrichtungen, hauptsächlich wieder an die Front geschickt, damit sie die Frontsoldaten bearbeiten und die Front zermürben sollten. Diese haben die Soldaten bestimmt, überzulaufen, und so hat sich der Verfall allmählich, aber sicher vollzogen."
Wer hat die Sozialdemokratie hierbei unterstützt? Die Demokraten und die Leute um Erzberger.
Jetzt, am 7. Dezember, soll das Deutsche Volk den
zweiten Dolchstoß
erhalten. Sozialdemokraten in Gemeinschaft mit den Demokraten wollen uns
zu Sklaven der Entente machen,
wollen uns für immer zugrunde richten.
Wollt ihr das nicht,
dann
Wählt deutschnational!
Nr. 306
Deutschnationale Schriftenvertriebsstelle G.m.b.H., Berlin SW11
Presse: Dr. Selle & Co. A.G., Berlin SW29

18

Die deutsche Politik war parteiübergreifend schockiert, enttäuscht und fühlte sich tief gedemütigt. Unter dem Zwang der Siegermächte unterzeichnete die deutsche Delegation am 28. Juni 1919 in Versailles den Friedensvertrag.
Dadurch erhielt die „Dolchstoßlegende" weiteren Auftrieb. In den national-konservativen Parteien und vor allem im Militär und in den Freikorps wurde sie zum politischen Leitmotiv gegen die von den Arbeiter- und Soldatenräten errungene und nun von der „Weimarer Koalition" repräsentierte Republik. *AH*

Märzkrise 1920

Zeitgleich mit der Radikalisierung von links, die sich im Frühjahr 1919 in einer reichsweiten Streik- und Aufstandsbewegung entladen hatte, formierte sich auch der Widerstand der radikalen Rechten gegen die Weimarer Republik. Organisatorisch bot das Lager ein buntes Bild. Seit Februar 1919 machten der aus dem Alldeutschen Verband hervorgegangene Deutsche Schutz- und Trutzbund, seit Oktober 1919 der Deutschvölkische Schutz- und Trutzbund mit antisemitischen Parolen gegen die „Judenrepublik" mobil. Anklang fanden sie bei kleinen Selbstständigen, Angestellten und Beamten, vor allem aber auch in der DNVP und der Reichswehr, die seit dem Sommer 1919 überwiegend aus früheren Freikorps bestand.
Nach Inkrafttreten des Versailler Vertrags am 10. Januar 1920 gingen Teile der Reichswehr auf Konfrontationskurs zur Reichs-

19

Wolfgang Kapp (1858–1922)

Der ostpreußische Generallandschaftsdirektor Kapp empfand die Niederlage des Krieges als schmachvoll und war Vertreter der Dolchstoßlegende. Als prominentes Mitglied der Verschwörergruppe um General von Lüttwitz erklärte er am 13. März 1920 die Reichsregierung unter Gustav Bauer als abgesetzt und sich selbst zum neuen Reichskanzler.

Wikimedia Commons

19

Besetzung Berlins

Auf die Besetzung des Regierungsviertels hin flohen die SPD-Mitglieder der Reichsregierung nach Dresden, dann nach Stuttgart. Die Führung der Reichswehr lehnte es ab, auf die aufständischen Truppenteile zu schießen: „Truppe schießt nicht auf Truppe".

Bundesarchiv

regierung. Die Reduzierung der Heeresstärke, der Kriegsschuldparagraph und die Aussicht, dass Deutschland möglicherweise die alliierte Forderung nach der Auslieferung von „Kriegsverbrechern" oder ihrer Aburteilung durch ein deutsches Gericht nachkommen könnte, brachten das Fass zum Überlaufen. Am 13. März 1920 putschten unzufriedene Reichswehroffiziere und Freikorpsmänner sowie ultrarechte Politiker, die ein autoritäres Regime mit ständestaatlichen Zügen anstrebten, unter der Führung des ostpreußischen Generallandschaftsdirektors Wolfgang Kapp, des Kommandierenden Generals des Reichswehr-Gruppenkommandos I Berlin, Walther von Lüttwitz, und des Korvet-

> Seite 107

Neue Reichsregierung?

Die national eingestellte Marburger Oberhessische Presse meldet in einer Sonderausgabe am 13. März 1920 den Erfolg des Putsches.

Hessisches Staatsarchiv Marburg

Oberhessische Zeitung

Marburg, Markt 21. Telephon 55

Sonder-Ausgabe.

Eine neue Regierung.

wb. **Berlin, 13. März. 1. Kundgebung: Die bisherige Reichsregierung hat aufgehört zu sein. Die gesamte Staatsregierung ist auf den mitunterzeichneten Generallandschaftsdirektor Kapp-Königsberg als Reichskanzler und preußischen Ministerpräsidenten übergegangen. Zum militärischen Oberbefehlshaber und gleichzeitigen Reichswehrminister ist vom Kanzler der General der Infanterie v. Lüttwitz berufen worden. Eine neue Regierung der Ordnung, der Freiheit und der Tat wird gebildet.**

Unterzeichnet: Frhr. v. Lüttwitz, General der Infanterie. Kapp, Generallandschaftsdirektor.

In einer zweiten Kundgebung erklärt Kapp das Mandat der Nationalversammlung für erloschen.

In einer dritten Kundgebung wird die preußische Landesversammlung inanbetracht der veränderten politischen Lage für aufgelöst erklärt.

Berlin, 13. März. Der „Berl. Lokal-Anz." meldet: Die Regierung hat das von der Marinebrigade gestellte Ultimatum, das um 7 Uhr früh ablief, abgelehnt und ohne ihre Aemter niederzulegen, Berlin im Automobil verlassen. Die Brigade Ehrhardt sei ohne Widerstand zu finden mit schwarz-weiß-roten Fahnen in Berlin eingerückt und habe das Regierungsviertel in weitem Umkreis abgesperrt.

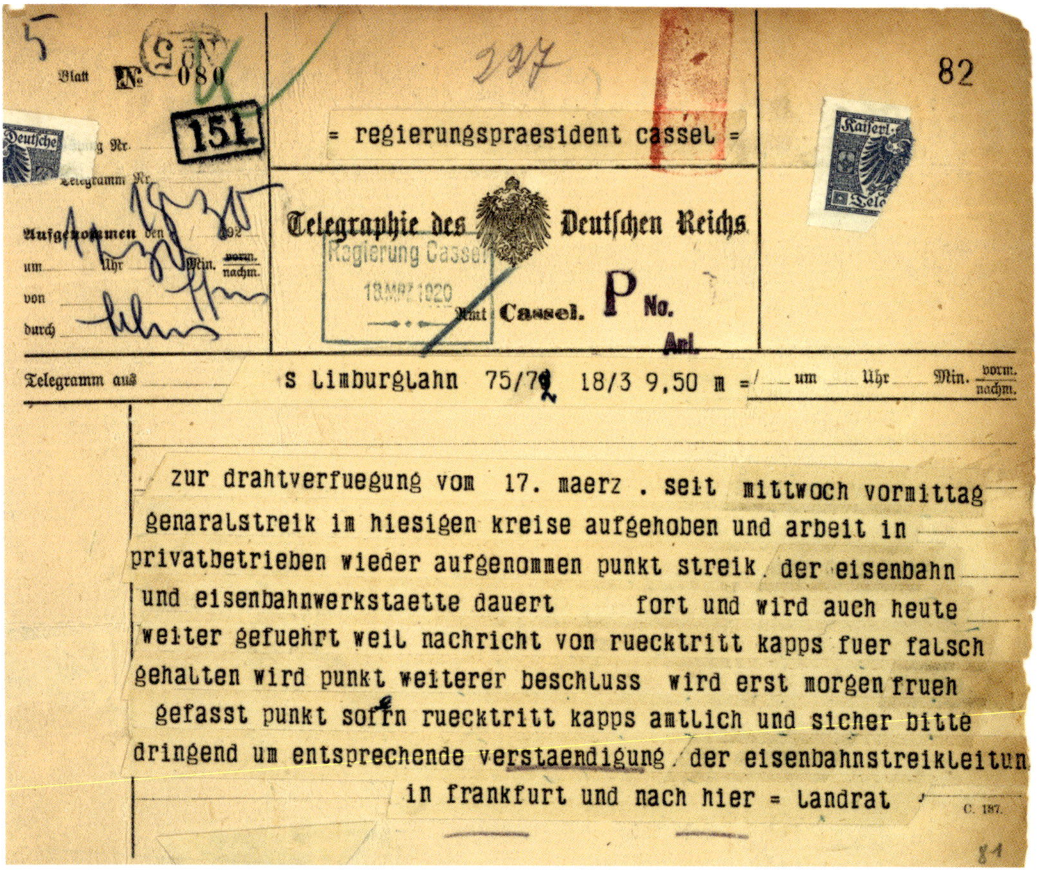

Blatt № 080

151

= regierungspraesident cassel =

82

Telegraphie des Deutschen Reichs

Regierung Cassel 13. MÄRZ 1920

Amt Cassel. P No.

Telegramm aus s limburglahn 75/71 18/3 9,50 m =

zur drahtverfuegung vom 17. maerz . seit mittwoch vormittag genaralstreik im hiesigen kreise aufgehoben und arbeit in privatbetrieben wieder aufgenommen punkt streik der eisenbahn und eisenbahnwerkstaette dauert fort und wird auch heute weiter gefuehrt weil nachricht vonruecktritt kapps fuer falsch gehalten wird punkt weiterer beschluss wird erst morgen frueh gefasst punkt sofrn ruecktritt kapps amtlich und sicher bitte dringend um entsprechende verstaendigung der eisenbahnstreikleitun in frankfurt und nach hier = landrat

Eilmeldung

Telegramm des Landrats zu Limburg an den Regierungspräsidenten in Kassel vom 18. März 1920 über die Beendigung des nach dem Kapp-Putsch ausgerufenen Generalstreiks in den Privatbetrieben des Kreises sowie die Fortsetzung des Ausstands bei der Eisenbahn.

Hessisches Staatsarchiv Marburg

tenkapitäns Hermann Ehrhardt gegen die Reichsregierung. Da die Reichswehr eine neutrale Position bezog, sah sich die Regierung genötigt, Berlin zu verlassen.

Der am 15. März 1920 im Namen des Reichspräsidenten, der sozialdemokratischen Minister und des SPD-Parteivorstands proklamierte und unter Federführung der Gewerkschaften durchgeführte Generalstreik sowie die Verweigerungshaltung der Ministerialbürokratie nötigten die Putschisten, die sich auf keine einheitliche Massenbewegung stützen konnten, schon nach wenigen Tagen zur Aufgabe. Am 17. März traten die Anführer

Rote Ruhrarmee

Die Unruhen im Ruhrgebiet wurden von Regierungstruppen und Freikorps blutig niedergeschlagen.

H. Spethmann: Die Rote Armee an Ruhr und Rhein, 1930

des Putsches zurück und flüchteten aus Berlin. Auch in Hessen hatte die Arbeiterschaft prompt reagiert: Bereits am 13. und 15. März war es in Frankfurt und Offenbach zu Großdemonstrationen gekommen. In Darmstadt hatte sich die durch Putschgerüchte aufgeheizte Lage am 14. März erst beruhigt, nachdem die dort stationierten Reichswehrtruppen ihre Loyalität gegenüber der verfassungsmäßigen Regierung erklärt hatten. Am 16. März missbilligte auch der anfangs zögerliche Kasseler

Oberpräsident das „unsinnige Vorgehen" der Berliner Verschwörer.

Der erfolgreiche Generalstreik und die Lahmlegung des öffentlichen Lebens gegen die drohende Rechtsdiktatur barg jedoch auch Risiken, zumal damit gerechnet werden musste, dass die radikale Linke den Ausstand für ihre eigenen Zwecke nutzen würde. Im Industrierevier an Rhein und Ruhr kam es Mitte März 1920 zur Machtübernahme durch die sogenannte Rote Ruhrarmee, den bewaffneten Arm einer weit über die KPD-Anhängerschaft hinausreichenden proletarischen Massenbewegung, die sich zunächst erfolgreich gegen die Sicherheitspolizei und die Freikorps zur Wehr setzte. Als die Waffenstillstands- und Abrüstungsbemühungen Ende März scheiterten und in Duisburg eine anarchistische Gewaltherrschaft errichtet wurde, besetzte die Reichswehr ab 2. April das Ruhrgebiet und schlug den Aufstand gegen die verfassungsmäßige Staatsgewalt mit drakonischer Härte nieder. Auch in Thüringen gingen Studenten- und Freikorps sowie aus Zeitfreiwilligen bestehende Reichswehrverbände gewaltsam gegen kommunistische Umsturzversuche vor. Traurige Berühmtheit erlangte der Gewaltexzess der Marburger Studentenkorps, die am 25. März 1920 im thüringischen Mechterstädt 15 Arbeiter erschossen.

Der Generalstreik hatte am Ende zwar wesentlich zum Scheitern des gegenrevolutionären Kapp-Putsches beigetragen und war insofern erfolgreich gewesen. Andererseits hatte er aber auch eine Eigendynamik entwickelt, der die Gewerkschaften und die Sozialdemokraten machtlos gegenüberstanden. Die radikale Linke hatte ihn für einen bewaffneten Aufstand genutzt, aus dem nicht die Arbeiterschaft, sondern das Militär als Sieger hervorging. *KM*

Folgen und Wirkungen

Die schweren Jahre bis 1923

Auch die nächsten Jahre blieben politisch unsicher. Nach dem Kapp-Putsch sowie den Umsturzversuchen von links folgte im November 1923 ein erneuter Putschversuch gegen die Reichsregierung durch die NSDAP unter Ludendorff und Hitler, der jedoch rasch niedergeschlagen werden konnte.

Das Gefühl der politischen Unsicherheit und der fehlenden Autorität der neuen Reichsregierung wurde weiter geschürt durch politische Morde und Anschläge auf hohe Repräsentanten der Republik. Der Unterzeichner des Waffenstillstandsabkommens von Compiègne und Vorsitzende des Zentrums, Matthias Erzberger, wurde am 26. August 1921 auf offener Straße von Freikorps-Offizieren erschossen. Philipp Scheidemann entkam während eines Spaziergangs am Pfingstsonntag, 4. Juni 1922, in Kassel nur knapp einem Blausäure-Mordanschlag. Der DDP-Politiker und Reichsaußenminister Walter Rathenau fiel am 24. Juni 1922 einem Mordanschlag zum Opfer.

20

Diese Taten verfolgten Polizei und Justiz konsequent, doch zeigten sie sich bei der Ahndung der Mörder linker Republikgegner wie auch der nationalkonservativen und völkischen Putschisten aus heutiger Sicht nicht nachvollziehbar gnädig, da den Drahtziehern wie den aktiv Beteiligten nationale und ehrenvolle Motive unterstellt wurden.

Walther Rathenau (1867–1922)

Der Industrielle und Schriftsteller Rathenau war Mitbegründer der DDP.
Im Januar 1922 wurde er Außenminister und versuchte, Deutschland zumal in der Reparationsfrage mehr Handlungsfreiheit zu verschaffen. Ende Juni wurde er Opfer eines rechtsterroristischen Anschlags.

Wikimedia Commons

Beerdigung Rathenaus

Nach den Anschlägen auf Matthias Erzberger und Philipp Scheidemann war die Anteilnahme an Rathenaus Tod in der Bevölkerung groß.

Bundesarchiv

20

Die ersten Nachkriegsjahre waren aber nicht nur geprägt durch politische Unsicherheiten und die gewaltsamen Konflikte um die neue Republik. In Folge des Ersten Weltkriegs blieb bis in die frühen 1920er Jahre die Versorgung der Bevölkerung mit Nahrungsmitteln weiter völlig unzureichend. Die Säuglingssterblichkeit von 14% war die höchste in Europa. Hinzu kam eine hohe Arbeitslosigkeit. Sie wurde begleitet von einer überall sichtbaren Bettelei, die für viele verzweifelte, unversorgte verkrüppelte Kriegsheimkehrer die einzige Form des Broterwerbs blieb. In dieser Situation erzeugten die bevorstehenden immens hohen Reparationszahlungen an die Alliierten, die der Versailler Friedensvertrag festlegte, nur Hoffnungslosigkeit. Ein weiterer allgegenwärtiger destabilisierender Faktor waren die seit 1918 stei-

Arbeitslos

Vielen Kriegsheimkehrern mit schweren Verletzungen blieb die Rückkehr in das Arbeitsleben verwehrt. Da sie kaum staatliche Unterstützung fanden, waren sie auf Bettelei angewiesen, die im Deutschland der frühen 1920er Jahre allgegenwärtig war.

Deutsches Historisches Museum Berlin

20 Hyperinflation

Die Grafik zeigt die hohe Inflationsrate, welche die Bevölkerung bereits seit Kriegsende sehr belastete. 1923 war sie nicht mehr zu halten.

Wikimedia Commons

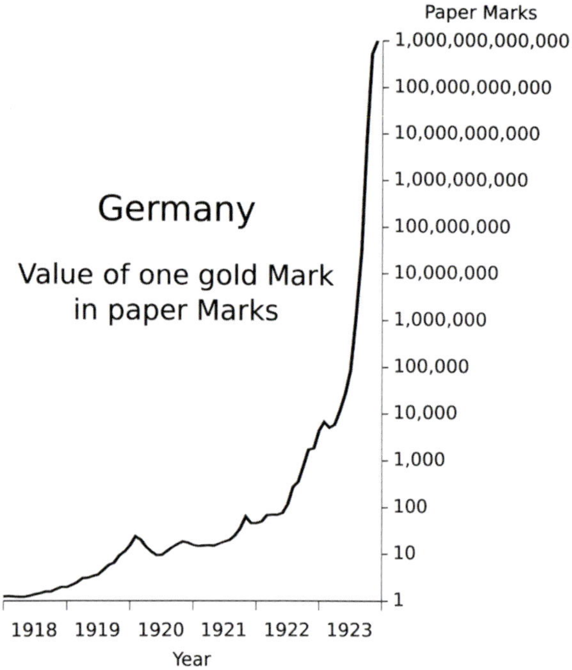

genden Preise, die langsam in eine Inflation einmündeten, in der Hyperinflation 1923 regelrecht explodierten und viele Menschen in eine verzweifelte Armut rissen. Die Inflation fraß nach und nach die Geldreserven sowie die nominellen Werte auf, die in den Kriegsanleihen steckten. *AH*

Die „Goldenen Zwanziger" und das Ende der Republik

Dennoch setzte nach 1923 eine Phase der Konsolidierung der jungen Republik ein, die bis Ende der 1920er Jahre anhielt. Hierzu trugen zum einen Erfolge auf außenpolitischem Terrain bei: Der „Dawes-Plan" führte ab 1924 zu einer Entspannung bei der Aufbringung der Reparationslasten, die an die Wirtschaftskraft des Deutschen Reiches angepasst wurden. Bis Herbst 1925 endete zudem die Besetzung des Ruhrgebietes durch die Alliierten. Mit dem Inkrafttreten der durch Außenminister Gustav Stresemann verhandelten Verträge von Locarno im

Aufnahme in den Völkerbund

Nachdem es gelungen war, die Alliierten davon zu überzeugen, dass die Reparationszahlungen gestreckt werden mussten, war der größte außenpolitische Erfolg der 1920er Jahre die Aufnahme Deutschlands in den Völkerbund. Am 10. September 1926 hielt Gustav Stresemann aus diesem Anlass eine Rede vor der Vollversammlung des Völkerbundes in Genf.

Bundesarchiv

21

21

Tanztee im Garten des Berliner Hotels „Esplanade", 1926
In den 1920er Jahren nutzten viele Menschen neue Möglichkeiten des Zeitvertreibs nach Feierabend, so etwa den üblicherweise um 17.00 Uhr beginnenden „Tanztee".
Bundesarchiv

September 1926 und der Aufnahme in den Völkerbund kehrte das Deutsche Reich als Partner auf die Bühne der internationalen Politik zurück.
Zum anderen bescherte die positive, wenngleich krisenanfällige Wirtschaftsentwicklung der Weimarer Republik stabilere Verhältnisse. Gründe hierfür waren neben der Anpassung der Reparationsleistungen die Währungsreform von 1923, welche der Hyperinflation ein Ende setzte, sowie der anwachsende Zufluss ausländischer Kredite. Etliche Wirtschaftszweige konnten ihre Produktionsraten steigern. 1926 exportierte das Deutsche Reich mehr Waren als 1913.
Schließlich erlebte die Weimarer Republik in den späteren 1920er Jahren eine kulturelle Blütezeit, die eine bis dahin kaum dagewesene Vielfalt an kreativen künstlerischen Ausdrucksfor-

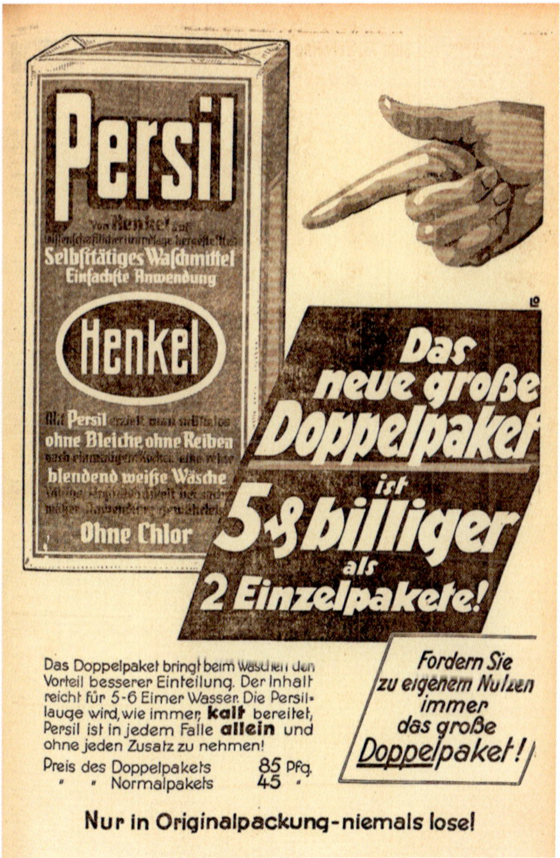

Werbeanzeige für das Waschmittel „Persil", 1927

Der Wirtschaftsaufschwung schlug sich in großformatigen Werbeanzeigen der Unternehmen nieder, die ihr Angebot der ansteigenden Kaufkraft anpassten.

Hessisches Staatsarchiv Marburg

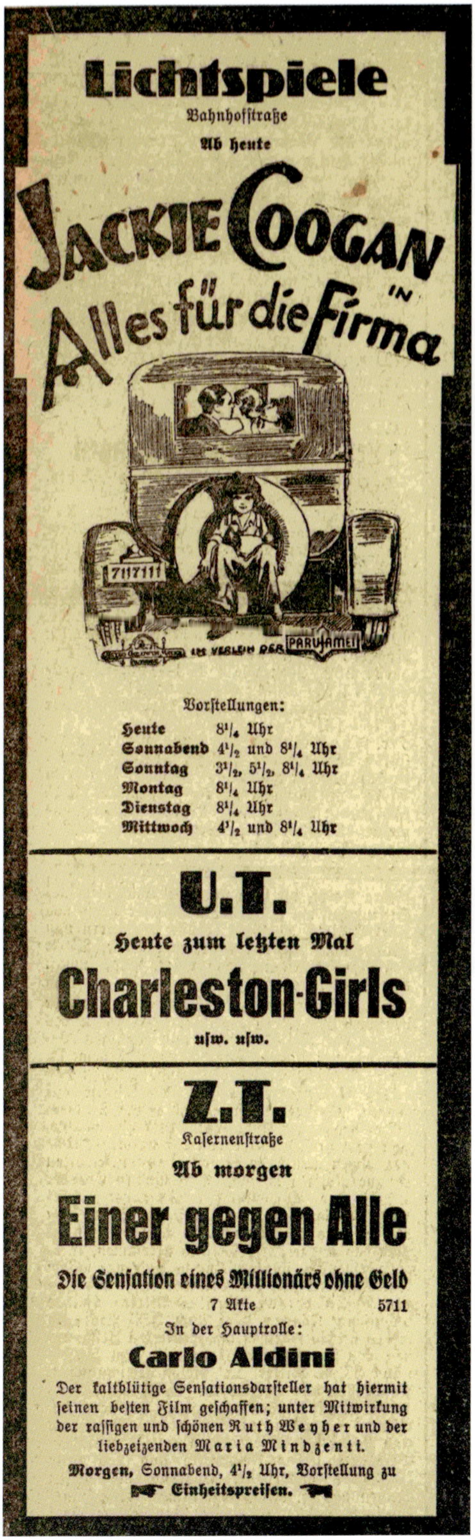

Kinowerbung, 1927

Seit Mitte der 1920er Jahre setzte sich der Kinofilm als Kunstform durch. Etwa zwei Millionen Menschen besuchten im Deutschen Reich täglich Filmvorstellungen.

Hessisches Staatsarchiv Marburg

men hervorbrachte und die sich in vielen Fällen bis in die Gegenwart hinein als stilprägend erwiesen.
Eine der maßgeblichen Kunstrichtungen war die „Neue Sachlichkeit", mit der eine Abkehr vom Expressionismus und eine nüchterne Konzentration auf alltägliche Lebenswelten verbunden waren. In der Malerei standen hierfür etwa Max Beckmann und Otto Dix, in Architektur und Design fand der neue Stil seinen Ausdruck im Wirken der Künstlerschule „Bauhaus", zu deren markantesten Vertretern Walter Gropius und Ludwig Mies van der Rohe gehörten. Im Theater feierten Carl Zuckmayers Volksstück „Der fröhliche Weinberg" und dessen Tragikomödie „Der Hauptmann von Köpenick" Erfolge, in der Literatur verkörperte Alfred Döblins Großstadtroman „Berlin Alexanderplatz" die Auseinandersetzung mit aktuellen gesellschaftlichen Fragestellungen.
Mit dem Aufkommen des Schlagers, zu dessen Entwicklung die Gesangsgruppe „Comedian Harmonists" erheblich beitrug, entstand eine musikalische Massenkultur. Und auch der zunächst noch ohne Ton auskommende Kinofilm entwickelte sich seit Mitte der 1920er Jahre zum Massenerlebnis.

21

Der 24. Oktober 1929, der als „schwarzer Freitag" in die Geschichte einging und eine verheerende Krise der Weltwirtschaft auslöste, bereitete der kurzen Blütezeit der Weimarer Republik ein jähes Ende. Es folgten Produktionsdrosselung, Firmenkonkurse, Massenentlassungen und ein dramatisches Absinken der Kaufkraft.
Der ökonomischen Krise folgte eine innenpolitische Krise: Die bis dahin regierende große Koalition zerbrach. Die neue Regierung Heinrich Brünings stützte sich nicht mehr auf eine Reichstagsmehrheit, sondern auf die „Notverordnungen" des 1925 gewählten Reichspräsidenten Paul von Hindenburg. Diese nicht verfassungsgemäße Regierungsform der „Präsidialkabinette" bedeutete den Übergang zu einem autoritären Regime.
In einer sich zunehmend aggressiv und polarisiert zeigenden Stimmung gewann die radikal antisemitische und rassistische NSDAP Adolf Hitlers, die 1928 noch eine bedeutungslose Splitterpartei gewesen war, bei den Reichstagswahlen 1932 über

37% der Stimmen. Am 30. Januar 1933 wurde Hitler durch Hindenburg zum Reichskanzler ernannt. Für die Weimarer Republik bedeutete dies das Ende. *DP*

Das Ende von Weimar

Am 30. Januar 1933 ernannte Reichspräsident Paul von Hindenburg den Vorsitzenden der Nationalsozialistischen Deutschen Arbeiterpartei (NSDAP) und „Führer" der stärksten Reichstagsfraktion Adolf Hitler zum neuen Reichskanzler. Der „Tag von Potsdam", 21. März 1933, sollte propagandistisch unterstreichen, dass nun eine Verbindung von „alter Größe und junger Kraft" die Geschicke Deutschlands lenke, personifiziert durch Reichspräsident von Hindenburg und durch Reichskanzler Hitler.

Bundesarchiv

Demokratischer Neubeginn 1945

Warum gelang es am Ende nicht, die Weimarer Demokratie zu stabilisieren? In der Rückschau fehlte es insbesondere an einem breit getragenen politischen Willen, den Nationalismus in das Paradigma einer patriotischen, demokratisch-republikanischen Rechts- und Wertegemeinschaft umzuinterpretieren. Dazu hätte insbesondere das Militär der neuen Ordnung unterworfen werden müssen – auch die Beamtenschaft und die Justiz.

Nach Nationalsozialismus und dem verlorenen Zweiten Weltkrieg lebte der Geist von Weimar jedoch weiter. 1945 waren die Weimarer Demokraten bei weitem nicht vollständig verschwunden, noch hatten ihre Ideale ausgedient. Für die hessischen Nachkriegspolitiker blieb Weimar die Demokratie-Erfahrung schlechthin. Die erste deutsche Republik lag erst 12 Jahre zurück, und die Revolution von 1918/19 kaum mehr als

22

Georg-August Zinn

Der Kasseler Sozialdemokrat Zinn saß bereits als Justizminister in der ersten hessischen Landesregierung sowie in der folgenden SPD/CDU-Koalitionsregierung. Von 1950 bis 1969 war er hessischer Ministerpräsident, dessen sozialdemokratische Politik das Land nachhaltig prägte.

Hessisches Hauptstaatsarchiv Wiesbaden

Unter Amerikanischer Besatzung

Ende März 1945 besetzten US-Streitkräfte Hessen und errichteten eine Militärregierung, die gut auf ihre Aufgabe vorbereitet war und den Rahmen setzte für die ersten Schritte in die Nachkriegsdemokratie in Hessen.

Stadtarchiv Darmstadt

25 Jahre. Viele von ihnen standen auf den sogenannten Weißen Listen, welche die US-Besatzungssoldaten nach Deutschland mitbrachten.

Selbstverständlich wollten die deutschen Politiker aus Weimar ihre Lehren ziehen, damit sich die Katastrophe des Nationalsozialismus niemals wiederholte. Doch knüpften sie auch konsequent an die politischen Errungenschaften und an die Erfahrungen Weimars an. Das zeigten bereits die ersten Schritte eigenverantwortlichen politischen Handelns. So bildeten sich unmittelbar nach dem Einmarsch der Besatzungstruppen deutsche politische Ausschüsse, die sich Antifa-, Bürger- oder Aufbauausschüsse nannten, um die Belange der Bevölkerung gegenüber den Besatzern zu vertreten. Sie erinnern als Akte der politischen Selbstermächtigung an die Arbeiter- und Soldatenräte und mehr noch an jene Ausschüsse, die sich Ende 1918 in Südhessen als politische Vertretungen gegenüber der französischen Besatzungsmacht gebildet hatten.

In den Antifa- und Bürgerausschüssen der Jahre 1945/1946 waren anfangs vor allem die zuvor verfolgten Arbeiterparteien, zumal die Sozialdemokraten, stark vertreten, bald aber auch ehemalige Mitglieder des Zentrums oder der DDP. Und wie die Räte des Novembers 1918 kümmerten auch sie sich zunächst

GEMEINSAME

Kundgebung

der drei
antifaschistischen
Parteien

am Sonntag, 21. Oktober 1945, vormittags 11 Uhr
Lyceum am Boseplatz

REDNER:

Regierungspräsident **Nischalke**

Dr. Köhler

Minister **Oskar Müller**

SOZIALDEMOKRATISCHE PARTEI
CHRISTLICH-DEMOKRATISCHE PARTEI
KOMMUNISTISCHE PARTEI

22

Die Zukunft gestalten
Politischer Werbezettel einer antifaschistischen Veranstaltung Ende 1945.
Hessisches Hauptstaatsarchiv Wiesbaden

um die Sicherheit sowie um die Lösung praktischer Probleme des täglichen Lebens.
Die Amerikaner waren auf die Ausschüsse nicht angewiesen, kooperierten aber, wie auch die von ihnen eingesetzten Bürgermeister und Verwaltungsspitzen, mit ihnen, weil sie ihre Maßnahmen legitimieren konnten. In den meisten Fällen fungierten die Ausschüsse bald – bis zu den Kommunalwahlen im Frühjahr 1946 – als Vorparlamente.
Diese Entwicklungen beförderten die frühen Lizenzierungen der Parteien im Spätsommer 1945. Dabei setzten sich die Besonderheiten und regionalen politischen Milieus der Weimarer Zeit fort, zum Beispiel die unterschiedlichen programmatischen Ausrichtungen der SPD-Bezirke Nord- und Südhessen, und hier wiederum differenziert nach Frankfurt und Darmstadt. Deutlich setzte sich auch die Frankfurter CDU mit ihren christlich-sozialen Wurzeln von den konservativeren Traditionslinien Fuldas ab. Den hessischen Liberalen gelang nach 1945 die zuvor verpasste Vereinigung der in der Region Frankfurt eher wirtschaftsliberal

22

< Seite 122

Gemeinsame Politik
Die zunächst zugelassenen, ausdrücklich antifaschistischen Parteien rücken in der schwierigen unmittelbaren Nachkriegszeit zusammen und kooperieren miteinander.
Hessisches Hauptstaatsarchiv Wiesbaden

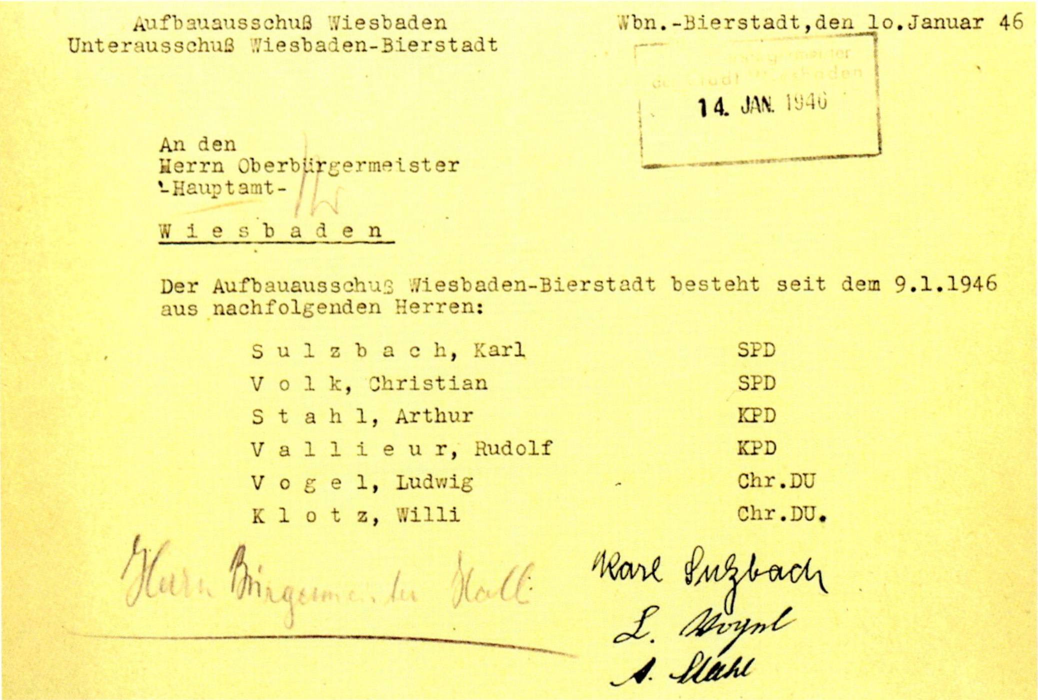

Aufbauausschuß Wiesbaden
Unterausschuß Wiesbaden-Bierstadt

Wbn.-Bierstadt,den 1o.Januar 46

14. JAN. 1946

An den
Herrn Oberbürgermeister
-Hauptamt-

W i e s b a d e n

Der Aufbauausschuß Wiesbaden-Bierstadt besteht seit dem 9.1.1946 aus nachfolgenden Herren:

S u l z b a c h, Karl	SPD
V o l k, Christian	SPD
S t a h l, Arthur	KPD
V a l l i e u r, Rudolf	KPD
V o g e l, Ludwig	Chr.DU
K l o t z, Willi	Chr.DU.

Karl Sulzbach

Aufbauausschuss

Im Januar 1946 hat der Aufbauausschuss Wiesbaden-Bierstadt, der sich aus Vertretern von SPD, KPD und CDU zusammensetzt, eine eigene Verwaltung aufgebaut.

Stadtarchiv Wiesbaden

und DDP-orientierten Milieus mit den nationalliberalen in Nord- und Osthessen in der LDP, später FDP.

Bereits im Spätsommer 1945 entschieden die Amerikaner, das neue demokratische Land Hessen zu errichten. Für diese Aufgabe hatten sie bereits geeignete Persönlichkeiten im Auge. Jedoch kamen diese – wie der erste hessische Ministerpräsident Karl Geiler, der erste Innenminister Hans Venedey und der erste Finanzminister Wilhelm Mattes – nicht aus Hessen, sondern aus der Pfalz bzw. aus Baden.

Die hessischen Sozialdemokraten protestierten energisch und beanspruchten, den Prozess der Demokratisierung von Beginn an prominent mitzugestalten. Legitimiert durch ihr Verfolgungsschicksal und ihre einschlägigen Weimarer Erfahrungen verfügten sie über ein starkes Selbstbewusstsein. Nach und nach

Erste Landesregierung

In der ersten, von den Amerikanern eingesetzten hessischen Landesregierung saßen Vertreter von SPD, KPD und CDU. Ministerpräsident Karl Geiler war parteilos.

Hessisches Hauptstaatsarchiv Wiesbaden

22

erhielten die hessischen Politiker, allen voran die Sozialdemokraten, tatsächlich größere Gestaltungsspielräume.

Wie in Weimar, in Preußen und auch im Volksstaat Hessen im Februar 1919 wurde auch in Hessen im Oktober 1945 eine provisorische Verfassung, das Staatsgrundgesetz, erlassen. Es setzte die erste Hessische Regierung ein, und es sah – nach dem Vorbild der Kommunen – einen Beratenden Landesausschuss vor, der die neue Landesregierung begleiten und legitimieren sollte. Der Ausschuss bestand aus je 12 Mitgliedern der Landesparteien SPD, KPD, CDU und LDP und konstituierte sich im Februar 1946. *AH*

Die Hessische Verfassung

Die Verfassungberatende Landesversammlung wurde zügig landesweit gewählt und konstituierte sich am 15. Juli 1946. Wie die Weimarer Nationalversammlung und die hessen-darmstädtische Volkskammer sollte auch sie als Vorparlament Gesetzesvorhaben der Landesregierung, vor allem aber eine Landesverfassung aushandeln. Nicht nur diese Vorgehensweise, auch das schmale Zeitfenster von nur drei Monaten für die Verfassungsverhandlungen, die Hauptakteure und vor allem das Verhandlungsergebnis erinnern an das Jahr 1919.

Ähnlich wie das spätere Grundgesetz hat auch die Hessische Verfassung staatsorganisatorische Lehren aus Weimar gezogen. Sie sieht z. B. einen jederzeit handlungsfähigen Landtag vor, dem sich alle Regierungsmitglieder nach jeder Wahl neu verpflichten müssen – und solange das nicht geschieht, bleibt die

23

Elisabeth Selbert (1896–1986)

Die Kasseler Sozialdemokratin Selbert nahm bereits auf die hessischen Verfassungsverhandlungen starken Einfluss, sorgte aber insbesondere dafür, dass im Grundgesetz der Bundesrepublik Art. 3 (2) „Männer und Frauen sind gleichberechtigt" verankert wurde.

Hessisches Hauptstaatsarchiv Wiesbaden

vorherige im Amt. Notverordnungen sind ohne Einbeziehung des Landtags kaum statthaft.

Viel unmittelbarer als das Grundgesetz trat die Hessische Verfassung programmatisch das Erbe der Revolution von 1918/19 an. Dies zeichnete sich schon in den Verfassungsverhandlungen ab. Denn als stärkste Fraktion in der Landesversammlung führte die SPD im Schulterschluss mit der KPD die Regie. Am Ende überzeugte die SPD in buchstäblich letzter Minute die CDU zu dem sogenannten historischen Verfassungskompromiss. Dies ermöglichte die breite Legitimierung der „roten Verfassung", der am 1. Dezember 1946 über drei Viertel der wahlberechtigten Hessen zustimmten.

Erste Wahlen

Die US-Militärregierung verfügte erste Wahlen bereits im Frühjahr 1946. Zunächst wurden die Parlamente der kleineren, dann der größeren Kommunen gewählt. Nach diesem erfolgreichen Test wählten die Hessen Ende Juni 1946 die Verfassungberatende Landesversammlung.

Institut für Stadtgeschichte Frankfurt a.M.

Volksentscheid

Am 1. Dezember 1946 wurden die hessischen Bürgerinnen und Bürger aufgerufen, über die Hessische Verfassung abzustimmen und den ersten Hessischen Landtag zu wählen.

Hessisches Hauptstaatsarchiv Wiesbaden

Das besondere an der Hessischen Verfassung ist – bis heute –, dass sie eine ethisch begründete, partizipativ-soziale Wirtschaftsdemokratie bzw., wie Erwin Stein es formulierte, eine „sozial-humanitäre Ordnung" gestalten wollte. Konsequenter als die Weimarer Verfassung befasst sie sich gleich zu Beginn im „ersten Hauptteil" mit den gesellschaftlichen Grundsätzen des Zusammenlebens. Der ausführliche Grundrechtskatalog bestimmt die Gleichheit des Menschen vor dem Gesetz, die Freiheit der Person und die Freizügigkeit, die Glaubens-, Wissenschafts-,

23

Das erste gewählte Parlament

Der Erste Hessische Landtag konstituierte sich am 19. Dezember 1946. Er tagte im sogenannten gelben Salon des Wiesbadener Stadtschlosses, das noch heute Sitz des Landtags ist.
Die Regierungsverantwortung übernahmen als größte Partei die SPD zusammen mit der damals ausgesprochen christlich-sozial eingestellten CDU.

Hessisches Hauptstaatsarchiv Wiesbaden

Presse-, Vereinigungsfreiheit usw. Folgend werden jedoch auch die Grenzen der Freiheitsrechte austariert und die Maßnahmen ihrer Sicherung durch staatliche Eingriffe limitiert.
Es schließt der für die Hessische Verfassung charakteristische und breit angelegte Teil zu den „sozialen und wirtschaftlichen Pflichten" an. Er eröffnet mit dem Bekenntnis: „Die Sozial- und Wirtschaftsordnung beruht auf der Anerkennung der Würde und der Persönlichkeit des Menschen." Es folgt nun eine Kaskade von Bestimmungen zum Schutz der Arbeitskraft, zur Arbeitslosenversicherung, zu Tarifverträgen, Streikrecht und Aussperrungsverbot, zum Arbeitsschutz, Mutterschutz, zur Arbeitszeit („Der Achtstundentag ist die gesetzliche Regel"), zum 1. Mai als Feiertag, zum gerechten Lohn und zur Lohngleichheit von Mann und Frau,

zum Mindesturlaub, zur Einheitssozialversicherung, zur Vereinigungsfreiheit und den Rechten der Gewerkschaften, zu Betriebsräten, den Rechten und Pflichten der Wirtschaft, zum Recht auf Arbeit, zum Gemeineigentum, dem Verbot von Monopolen, zur Sofort-Sozialisierung geeigneter Wirtschaftszweige, zur Bodenreform, zur Förderung von Klein- und Mittelbetrieben, zum Genossenschaftswesen, zur Eigentumsgarantie. Der erste Hauptteil endet mit Bestimmungen zum Verhältnis zwischen Staat und Kirche sowie zu Erziehung und Schule.

Damit nahm die Hessische Verfassung vor allem die politisch-programmatischen Abschnitte der Weimarer Verfassung zum Vorbild. Denn auch jene legte den Schutz des menschenwürdigen Daseins für alle Menschen fest und bestimmte etwa ein einheitliches Arbeitsrecht und die Bildung von Betriebsräten. Doch formulierte sie noch viel vorsichtiger, dass das Wirtschaftsleben „den Grundsätzen der Gerechtigkeit mit dem Ziel (!) der Gewährleistung eines menschenwürdigen Daseins für alle entsprechen" soll und: „Eigentum verpflichtet. Sein Gebrauch soll (!) zugleich Dienst sein für das Gemeine Beste." Mithin gestaltete die Hessische Verfassung die Grundrechte wie auch die Rechte und Pflichten der Sozial- und Wirtschaftsverfassung nicht nur weiter aus, sondern sie festigte darüber hinaus deren rechtliche Verbindlichkeit.

Die Hessische Verfassung war mehr als ein politisches Bekenntnis. Sie bot der ersten hessischen Landesregierung, einer SPD/CDU-Koalition, ein politisches Programm. Das zeigt sich insbesondere in der Verabschiedung des Betriebsrätegesetzes wie in der Umsetzung der Sofort-Sozialisierung nach Artikel 41 der Verfassung. Die Hessische Verfassung setzte darüber hinaus Maßstäbe für das Grundgesetz, etwa für den dortigen Grundrechtskatalog oder die Organisation der Justiz. Und obwohl das Grundgesetz gerade die sozial- und wirtschaftlichen Bestimmungen der Hessischen Verfassung rechtlich überlagerte, so blieb sie dennoch für die Landespolitik unbestritten der verfassungspolitische Kompass – bis heute. *AH*

Abbildungsnachweise

Die Tafelnummern der Ausstellung sind im Begleitband jeweils auf den Außenseiten in der Mitte jeder Seite zu finden.

Titelbild: Wahlplakat der SPD 1919, aus: Horst Dreier / Christian Waldhoff (Hg.), Das Wagnis der Demokratie. Eine Anatomie der Weimarer Reichsverfassung, München 2018, S. 99.

— Tafel 1

S. 8, Kaiser Wilhelm II.: Hessisches Staatsarchiv Marburg Best. Slg. 7 c Nr. 542

S. 10, Philipp Scheidemann ruft die Republik: Wikimedia Commons, Foto: Erich Greifer

S. 11, Wahlrecht für Frauen: Hessisches Staatsarchiv Darmstadt R 4 17090

S. 12, Bonn ist nicht Weimar: Karikatur Paul Flora, Die Zeit 19.4.1968

— Tafel 2

S. 14, Kämpfe um den Hartmannswillerkopf: Hessisches Staatsarchiv Marburg Best. 340 Ritter b Nr. 66

S. 15, „Die Zeit ist hart…": Hessisches Staatsarchiv Marburg Best. Slg. 16 b Nr. 118/1

S. 16, „Der letzte Hieb…": Hessisches Staatsarchiv Marburg Best. Slg. 16 a Nr. 453

S. 17, Gedenken an die Helden: Hessisches Staatsarchiv Marburg Best. Slg. 7 d Nr. 334

— Tafel 3

S. 19, Gustav Noske: Library of Congress, LC-DIG-ggbain-31170 DLC

S. 20, Ansprache Noskes in Kiel: Stadtarchiv Kiel, Bild 47203, Foto Alfred Frankl 29.11.1918

S. 21, Thronverzicht des Kaisers: Hessisches Staatsarchiv Marburg Best. Slg. 10, Marburg 13, Oberhessische Zeitung

S. 22, Sieg der Revolution: Hessisches Staatsarchiv Marburg Best. 180 Hanau Nr. 7568

— Tafel 4

S. 25, Albert Grzesinski: Hessisches Staatsarchiv Marburg Best. Slg. 10, Marburg 13, Oberhessische Zeitung, Foto 1926

S. 26, Hindenburg in Wilhelmshöhe: Hessisches Staatsarchiv Marburg Best. Slg. 10, Marburg 13, Oberhessische Zeitung 14.11.1918

S. 26, Foto Hindenburg in Wilhelmshöhe: Bundesarchiv Bild 146-2005-0164

S. 27, Arbeiter und Soldaten!: Hessisches Staatsarchiv Marburg Dienstbibliothek II B 151cg

S. 28, Anerkennung des Arbeiter- und Soldatenrates: Hessisches Staatsarchiv Marburg Best. 165 Nr. 6788, Bl. 3

— Tafel 5

S. 30, USPD-Publikationsorgan „Volksrecht": Hessisches Staatsarchiv Marburg Dienstbibliothek II B 151cg

S. 31, Proletarier aller Länder, vereinigt Euch!: Hessisches Staatsarchiv Marburg Best. 180 Hanau Nr. 7568

S. 32, Konflikt mit dem Landrat: Hessisches Staatsarchiv Marburg Best. 180 Hanau Nr. 7568

S. 34, Ende der Hanauer Revolution: Privatarchiv Jens Gustav Arndt, Hanau

— Tafel 6

S. 35, Emanuel Wurm: Reichstags-Handbuch, XIII. Wahlperiode 1912, Berlin 1912, S. 522

S. 36, Bekanntmachung: Hessisches Staatsarchiv Marburg Best. Slg. 16 Nr. a 559

S. 38, Bauern- und Landarbeiterräte: Hessisches Staatsarchiv Marburg Best. 180 Fulda Nr. 1761

S. 39, Organisierte Bauernräte: Hessisches Staatsarchiv Marburg Best. 180 Fulda Nr. 1761

— Tafel 7

S. 40, Wilhelm Grönke: Institut für Stadtgeschichte Frankfurt a.M. S6b-75/203

S. 41, Kieler Matrosen: Institut für Stadtgeschichte Frankfurt a.M. S7Z1918/13

S. 42, Machtübernahme: Institut für Stadtgeschichte Frankfurt a.M. S9-1/123

S. 43, Wahlen zur Nationalversammlung: Institut für Stadtgeschichte Frankfurt a.M. S7Z1919/5

S. 45 oben, Demobilisierung: Institut für Stadtgeschichte Frankfurt a.M. S7Z1918/22

S. 45 unten, Französische Besetzung: Institut für Stadtgeschichte Frankfurt a.M. S7Z1920/5

— Tafel 8

S. 46, Arbeiter- und Soldatenrat: Stadtarchiv Wiesbaden F 013220

S. 47, Rückkehr des 80. Füsilierregiments: Stadtarchiv Wiesbaden F 016240

S. 48, Verwundungslazarett: Stadtarchiv Wiesbaden F 013220

S. 49, Exerziermarsch der Kolonialtruppen: Stadtarchiv Wiesbaden F 004862

— Tafel 9

S. 50, Hans Adam Dorten, aus: Eckhart G. Franz, Die Chronik Hessens, S. 344

S. 51, Panzer in Wiesbaden: Stadtarchiv Wiesbaden Foto-Nr. 000028

S. 52, Widerstand: Stadtarchiv Wiesbaden St0125A.

S. 53, Das Ende der Separatisten: Stadtarchiv Wiesbaden Foto-Nr. 003640

— Tafel 10

S. 55, Ernst Ludwig, Großherzog von Hessen: Hessisches Staatsarchiv Darmstadt R 31 Nr. 49

S. 56, Ausgangspunkt des Umsturzes: Hessisches Staatsarchiv Darmstadt R 31 Nr. 49

S. 56, Volksversammlung: Hessisches Staatsarchiv Darmstadt R 31 Nr. 49

S. 57, „Hessischer Volksfreund" v. 9. November 1918

— Tafel 11

S. 59, Carl Ulrich: Hessisches Staatsarchiv Darmstadt R 31 Nr. 49

S. 60, Landesvolksrat: Hessisches Staatsarchiv Darmstadt R 4 23843

S. 61, „Zur Warnung…": Hessisches Staatsarchiv Darmstadt R 4 23787

S. 62, In den alten Grenzen: Hessisches Staatsarchiv Darmstadt R 31 Nr. 49

— Tafel 12

S. 64, Bernhard Adelung: Hessisches Staatsarchiv Darmstadt R 4 2332

S. 65, Zaungäste: Hessisches Staatsarchiv Darmstadt R 31 Nr.49

S. 66/67, Verfassung des Volksstaates: Hessisches Regierungsblatt 1919, Nr. 4 und Nr. 37

— Tafel 13

S. 69, Philipp Scheidemann: Library of Congress, LC-DIG-ggbain-31169

S. 70, Sitzung des Arbeiter- und Soldatenrates Höchst: Archiv der sozialen Demokratie der Friedrich-Ebert-Stiftung, 6/FOTB002610

S. 71, Wehrhafte Arbeiter- und Soldatenräte: Hessisches Staatsarchiv Marburg Best. 330 Wolfhagen Nr. A 614

S. 72, Auch die Räte benötigten finanzielle Mittel: Hessisches Staatsarchiv Marburg Best. 165 Nr. 1225, Bd. 1, Bl. 18

— Tafel 14

S. 74, Friedrich Ebert: Archiv der sozialen Demokratie der Friedrich-Ebert-Stiftung, 6/FOTA002055

S. 75, Rat der Volksbeauftragten: Bundesarchiv Bild 146-1977-074-08, Foto Robert Sennecke, CC-BY-SA 3.0

S. 76, Wahlplakat der SPD: Hessisches Staatsarchiv Marburg Best. 330 Melsungen B Nr. 3249, 1919

S. 78, Wahlplakat der USPD: Bildarchiv Deutsches Historisches Museum Berlin Inv.-Nr. P 62/343

— Tafel 15

S. 80, Gustav Stresemann: Library of Congress, LC-DIG-ggbain-32589

S. 82, Wahlplakat des katholischen Zentrums: Hessisches Staatsarchiv Marburg Bestand 330 Melsungen B Nr. 3249, 1919

S. 83, Wahlplakat der DDP: Hessisches Staatsarchiv Marburg Bestand 330 Melsungen B Nr. 3249, 1919

S. 84, Wahlplakat der DNVP: Hessisches Staatsarchiv Marburg Bestand 330 Melsungen B Nr. 3249, 1919

S. 85, Wahlplakat der DVP: Hessisches Staatsarchiv Marburg Bestand 330 Melsungen B Nr. 3249, 1919

— Tafel 16

S. 87, Aufruf zur Wahl, aus: Lothar Gall (Hg.),1848. Aufbruch zur Freiheit. Eine Ausstellung des Deutschen Historischen Museums und der Schirn Kunsthalle Frankfurt zum 150jährigen Jubiläum der Revolution 1848/49, Berlin 1998, S. 264.

S. 88, Bekanntmachung: Hessisches Staatsarchiv Marburg Best. 180 Homberg Nr. 1557

S. 89, Wahlergebnisse Hessen-Nassau in Prozent, Hessisches Staatsarchiv Marburg Best. 180 Homberg Nr. 1557

S. 91, Weimarer Koalition: Wahlplakat 1924, Grafiker: Hans Klaer-Gordon, Bundesarchiv Plak 002-004-013

— Tafel 17

S. 93, Hugo Preuß: Bildarchiv Deutsches Historisches Museum Berlin, Porträt Hugo Preuß, Inv.-Nr. F 69/1847

S. 94 oben, Das Weimarer Nationaltheater: Bildarchiv Deutsches Historisches Museum Berlin, Die Nationalversammlung kommt im Nationaltheater in Weimar zusammen, Inv.-Nr. Do 75/290 I (2288)

S. 94 unten, Sitzverteilung im Nationaltheater: Reichstagshandbuch 1919, S. 367

S. 96, Verfassungsfeier: Hessisches Staatsarchiv Marburg Best. 180 Frankenberg Nr. 2904

S. 97, Postkarte: Hessisches Staatsarchiv Marburg Best. 180 Frankenberg Nr. 2904

— Tafel 18

S. 99, Matthias Erzberger: Bundesarchiv, Bild 146-1989-072-16, Fotograf Kerbs, Diethart, CC BY-SA 3.0 DE

S. 100, Bewältigung der Not: Institut für Stadtgeschichte Frankfurt a.M. S7Z1918/11

S. 101, Die Folgen von Versailles: Bildarchiv Deutsches Historisches Museum, Protestplakat gegen die Beschlüsse der Friedenskonferenz von Versailles, Inv.-Nr. 1988/1942

S. 103, Dolchstoßlegende: Bildarchiv Deutsches Historisches Museum Berlin, Wahlplakat der DNVP zur Dolchstoß-Legende, Inv.-Nr. P 61/1591

— Tafel 19

S. 105, Wolfgang Kapp: Wikimedia Commons

S. 106, Besetzung Berlins: Bundesarchiv, Bild 183-J0305-0600-003, Foto: Ludwig Vantahlen, CC-BY-SA 3.0

S. 107, Neue Reichsregierung?: Hessisches Staatsarchiv Marburg Best. 180 Marburg Nr. 2368

S. 108, Eilmeldung: Hessisches Staatsarchiv Marburg Best. 165 Nr. 3993

S. 109, Rote Ruhrarmee: Buchtitel Hans Spethmann: Die Rote Armee an Ruhr und Rhein, 1930

— Tafel 20

S. 112, Walther Rathenau: Wikimedia Commons

S. 113, Beerdigung Rathenaus: Bundesarchiv, Bild 183-Z1117-502, CC-BY-SA 3.0

S. 114, Arbeitslos: Bildarchiv Deutsches Historisches Museum Berlin, Bettler „Auf Krücken sitzt's sich wärmer", Walter Ballhause, Inv.-Nr. Ph 92/134

S. 114, Hyperinflation: Wikimedia Commons

— Tafel 21

S. 115, Aufnahme in den Völkerbund: Bundesarchiv, Bild 102-08490, CC-BY-SA 3.0, Ansprache Stresemann vor dem Völkerbund

S. 116, Tanztee: Bundesarchiv, Bild 183-K0623-0502-001, CC-BY-SA 3.0, Tanztee Hotel Esplanade Berlin 1926

S. 117, Kinowerbung, 1927: Hessisches Staatsarchiv Marburg Best. Slg. 10, Marburg 13, Oberhessische Zeitung

S. 117, Werbeanzeige für das Waschmittel „Persil", 1927: Hessisches Staatsarchiv Marburg Best. Slg. 10, Marburg 13, Oberhessische Zeitung

S. 119, Das Ende von Weimar: Bundesarchiv, Bild 183-S38324, Fotograf Theo Eisenhart, CC-BY-SA 3.0 , Tag von Potsdam

— Tafel 22

S. 120, Georg-August Zinn: Hessisches Hauptstaatsarchiv Wiesbaden

S. 121, Unter Amerikanischer Besatzung: Stadtarchiv Darmstadt

S. 122, Gemeinsame Politik der drei antifaschistischen Parteien: Hessisches Hauptstaatsarchiv Wiesbaden

S. 123, Werbezettel „Die Zukunft gestalten": Hessisches Hauptstaatsarchiv Wiesbaden

S. 124, Aufbauausschuss Bierstadt: Stadtarchiv Wiesbaden

S. 125, Erste Landesregierung: Hessisches Hauptstaatsarchiv Wiesbaden

— Tafel 23

S. 126, Elisabeth Selbert: Hessisches Hauptstaatsarchiv Wiesbaden

S. 127, Erste Wahlen 1946: Institut für Stadtgeschichte Frankfurt a.M.

S. 128, Volksentscheid: Hessisches Hauptstaatsarchiv Wiesbaden

S. 129, Das erste gewählte Parlament: Hessisches Hauptstaatsarchiv Wiesbaden

Literatur

Aufbau zur Demokratie. Alltag und Neubeginn in Hessen nach 1945. Andreas HEDWIG (Bearb.). Ausstellungskatalog Hessisches Hauptstaatsarchiv Wiesbaden 1996.

Helmut BERDING, Klaus EILER (Hg.): Hessen – 60 Jahre Demokratie. Wiesbaden 2006 (Veröffentlichung der Historischen Kommission für Nassau 76).

Ursula BÜTTNER: Weimar. Die überforderte Republik 1918–1933. Leistung und Versagen in Staat, Gesellschaft, Wirtschaft und Kultur, Stuttgart 2008.

Ludwig BRAAKE, Eckhard EHLERS, Utz THIMM: Gefangen im Krieg. Gießen 1918–1919.

Horst DREIER, Christian WALDHOFF (Hg.): Das Wagnis der Demokratie. Eine Anatomie der Weimarer Reichsverfassung, München 2018.

Eckhart G. FRANZ (Hg.): Die Chronik von Hessen, Dortmund 1991.

Eckhart G. FRANZ, Manfred KÖHLER (Bearb. und Hg.): Parlament im Kampf um die Demokratie. Der Landtag des Volksstaats Hessen 1919-1933, Darmstadt 1991 (Hessische Historische Kommission Band 6).

Eckhart G. FRANZ, Jürgen R. WOLF (Bearb.): Landstände und Landtage in Hessen, Darmstadt 1983 (Ausstellung der hessischen Staatsarchive zum Hessentag 1983).

Robert GERWARTH: Die größte aller Revolutionen. November 1918 und der Aufbruch in eine neue Zeit, Berlin 2018.

Tobias HAREN: Der Volksstaat Hessen 1918/1919. Hessens Weg zur Demokratie, Berlin 2003.

Dietrich HEITHER, Adelheit SCHULZE: Die Morde von Mechterstädt 1920, Berlin 2015.

Konrad HOMEISTER: Die Arbeiterbewegung in Eschwege (1885–1920). Ein Betrag zur Stadt- und Kreisgeschichte, Kassel 1987.

Jürgen HÖPKEN: Die Geschichte der Kasseler Arbeiterbewegung 1914 bis 1922, Darmstadt und Marburg 1983 (Quellen und Forschungen zur hessischen Geschichte 49).

Thomas KLEIN: Die Hessen als Reichstagswähler: Tabellenwerk zur politischen Landesgeschichte 1867–1933, Bd. 1–3, Marburg 1989–1995 (Veröffentlichungen der Historischen Kommission für Hessen 51,1–3).

Thomas KLEIN: Parteien und Wahlen in der preußischen Provinz Hessen-Nassau 1867-1933, in: Dirk BERG-SCHLOSSER, Alexander FACK, Thomas NOETZEL (Hg.): Parteien und Wahlen in Hessen 1946–1994, Marburg 1994.

Thomas KLEIN, Preußische Provinz Hessen-Nassau 1866–1944/45, in: Walter HEINEMEYER u.a. (Hg.), Handbuch der Hessischen Geschichte Bd. 4: Hessen im Deutschen Bund um im neuen Deutschen Reich (1806) 1815 bis 1945, Zweiter Teilband: Die hessischen Staaten bis 1945, Marburg 2003, S. 213-381, bes. S. 354ff.

Manfred KÖHLER: „Im Sinne der allgemeinen Gerechtigkeit". Die Verfassung des Volksstaates Hessen von 1919, in: Bernd HEIDENREICH, Klaus BÖHME (Hg.): Hessen. Verfassung und Politik, Stuttgart 1997, S. 223.

Eberhard KOLB, Dirk SCHUMANN: Die Weimarer Republik (= Oldenbourg Grundriss der Geschichte, Bd. 16), 8. überarb. u. erw. Auflage, München 2013.

Hartfrid KRAUSE: Revolution und Konterrevolution 1918/19 am Beispiel Hanau, Kronberg 1974 (Scriptor Hochschulschriften Sozialwissenschaften 1).

Internetportal „Der Erste Weltkrieg im Spiegel hessischer Regionalzeitungen!: http://hwk1.hebis.de, HeBIS-Verbundzentrale c/o Universitätsbibliothek Johann Christian Senckenberg, Frankfurt a.M.

Günther MAI: Der Marburger Arbeiter- und Soldatenrat 1918/1920, in: Hessisches Jahrbuch für Landesgeschichte 26 / 1976, S. 186.

Walter MÜHLHAUSEN: Revolution über Hessen – Demokratiegründung 1918/19. Wiesbaden 2018 (Hessische Landeszentrale für politische Bildung: Blickpunkt Hessen 25 / 2018).

Walter MÜHLHAUSEN: „Das große Ganze im Auge behalten". Philipp Scheidemann Oberbürgermeister von Kassel (1920–1925), Marburg 2011 (Veröffentlichungen der Historischen Kommission für Hessen 46,12)

Franz NEULAND: Die Matrosen von Frankfurt. Ein Kapitel Novemberrevolution 1918/19, Frankfurt a.M. 1991.

Franz NEULAND: Marinemeuterei und Arbeiterstreik. Von der Novemberrevolution bis zur Abwehr des Kapp-Lüttwitz-Putsches (1918–1920), in: Judit PAKH (Bearb.): Frankfurter Arbeiterbewegung in Dokumenten 1832–1933 Bd. 2, Frankfurt a.M. 1997, S. 775.

Wolfgang NIESS: Die Revolution von 1918/19. Der wahre Beginn unserer Demokratie, Berlin 2017.

Judit PAKH: Das rote Hanau. Arbeit und Kapital 1830–1949, Hanau 2007.

Judit PAKH (Bearb.): Frankfurter Arbeiterbewegung in Dokumenten 1832–1933 Bd. 2, Frankfurt a.M. 1997.

Dieter REBENTISCH: Frankfurt am Main in der Weimarer Republik und im Dritten Rech, in: Frankfurt am Main. Die Geschichte der Stadt in neuen Beiträgen, hg. v.d. Frankfurter Historischen Kommission, Sigmaringen 1994, S. 422.

Hellmut SEIER: Marburg in der Weimarer Republik 1918–1933, in: Erhart DETTMERING, Rudolf GRENZ (Hg.): Marburger Geschichte. Rückblick auf die Stadtgeschichte in Einzelbeiträgen, i.A. des Magistrats der Universitätsstadt Marburg, Marburg 1980.

Winfried SPEITKAMP: Weimarer Republik und der Nationalsozialismus in der hessischen Landes- und Zeitgeschichtsforschung, in: Ulrich REULING und Winfried SPEITKAMP (Hg.): 50 Jahre Landesgeschichtsforschung in Hessen (= Hessisches Jahrbuch für Landesgeschichte 50), Marburg 2000.

Wolf-Heino STRUCK: Die Revolution von 1918/19 im Erleben des Rhein-Main-Gebietes, in: Hessisches Jahrbuch für Landesgeschichte 19 /1969, S. 399.

Wolf-Heino STRUCK: Hessen 1918–1920. Revolution und demokratischer Widerstand in der hessischen Geschichte, Wiesbaden 1974 (Ausstellung der hessischen Staatsarchive zum Hessentag 1974).

Sebastian ULLRICH: Der Weimar-Komplex. Das Scheitern der ersten deutschen Demokratie und die politische Kultur der frühen Bundesrepublik, Göttingen 2009.

Siegfried WEICHLEIN: Sozialmilieus und politische Kultur in der Weimarer Republik, Göttingen 1996 (Kritische Studien zur Geschichtswissenschaft 115).

Andrea WETTMANN: Auf der Suche nach neuen Wegen? Die Philipps-Universität Marburg am Wendepunkt zwischen Kaiserreich und Weimarer Republik, in: Die Philipps-Universität Marburg zwischen Kaiserreich und Nationalsozialismus, hg. vom Verein für hessische Geschichte und Landeskunde Kassel, Kassel 2006, S. 13.

Martin WILL: Die Entstehung der Verfassung des Landes Hessen von 1946, Tübingen 2009 (Beiträge zur Rechtsgeschichte des 20. Jahrhunderts 63).

Heinrich August WINKLER: Weimar 1918–1933. Die Geschichte der ersten deutschen Demokratie, 4. Aufl. München 2005.

Andreas WIRSCHING: Die Weimarer Republik. Politik und Gesellschaft (= Enzyklopädie deutscher Geschichte 58), 2. um einen Nachtrag erw. Aufl., München 2008.

Holger ZINN: In Marburg ein Student, in: Die Philipps-Universität Marburg zwischen Kaiserreich und Nationalsozialismus, hg. vom Verein für hessische Geschichte und Landeskunde Kassel, Kassel 2006, S. 217.